户外运动的价值挖掘与科学开展研究

赵光德/著

黑龙江大学出版社
HEILONGJIANG UNIVERSITY PRESS

哈尔滨

图书在版编目（CIP）数据

户外运动的价值挖掘与科学开展研究 / 赵光德著
. -- 哈尔滨 ： 黑龙江大学出版社，2022.6
ISBN 978-7-5686-0811-4

Ⅰ．①户… Ⅱ．①赵… Ⅲ．①体育锻炼—研究 Ⅳ．
① G806

中国版本图书馆 CIP 数据核字（2022）第 067495 号

户外运动的价值挖掘与科学开展研究
HUWAI YUNDONG DE JIAZHI WAJUE YU KEXUE KAIZHAN YANJIU
赵光德　著

责任编辑　陈连生　张　迪
出版发行　黑龙江大学出版社
地　　址　哈尔滨市南岗区学府三道街 36 号
印　　刷　北京亚吉飞数码科技有限公司
开　　本　720 毫米 ×1000 毫米　1/16
印　　张　12.75
字　　数　202 千
版　　次　2023 年 3 月第 1 版
印　　次　2023 年 3 月第 1 次印刷
书　　号　ISBN 978-7-5686-0811-4
定　　价　78.00 元

前言 /PREFACE

在现代社会背景下,休闲逐渐成为人们的一种刚性需求,随着社会物质财富的极大丰富和生产效率的不断提高,人们的闲暇时间也越来越多,休闲的内容也更加丰富。休闲逐渐成为时代发展的重要旋律,休闲体育与区域经济及城市发展的关联越来越密切。当前,休闲经济快速发展,体育市场日益壮大,社会大众对应用型体育服务人才的需求增加,休闲健身产业在促进社会和谐发展,提高小康指数和幸福生活指数方面发挥一定作用。户外运动作为休闲体育运动的重要组成部分,深受体育爱好者的欢迎和喜爱。户外运动是在自然场地开展的体育运动项目群,集休闲、娱乐、探险于一体,具有重要的健身、健心、教育价值。但是,因户外运动中的许多运动项目属于极限运动或者亚极限运动,长期以来,参与户外运动的人占体育人口的比例较小。

在当前社会,随着生活水平的不断提高,人们要求更高质量的生活,因此,在承受诸多社会压力的情况下释放自我、挑战自我和回归自然的需求不断扩大。户外运动的重要价值再次受到人们的重视,户外运动也因此重新进入学校教育领域和大众视野,户外运动的参与人数逐渐增多。基于此,特撰写《户外运动的价值挖掘与科学开展研究》一书,旨在为户外运动者科学参与户外运动提供理论和实践指导。

全书共八章:第一章是户外运动概述,系统地阐述了户外运动的概念与特点、户外运动科学训练指导;第二章为户外运动的价值挖掘与彰显,分别论述了户外运动的健身、健心、教育价值;第三章为户外运动科学开展的安全保障体系建设,主要内容包括户外运动安全保障体系的构建、科学营养保障、运动康复保障、医务监督保障4个部分;第四章为户外运动科学开展的安全管理体系建设，主要内容包括安全法制体系建设、安全教育体系建设、安全监控体系建设、安全保险体系建设；第五章为山地运动的科学开展与训练，主要介绍的运动项目包括登山运动、攀岩运动、山地自行车运动；第六章为水上户外运动的科学开展与训练，主要介绍的运动项目包括公开水域游泳、赛艇运动、帆船运动、帆板运动、冲浪运动；第七章为空中运动的科学开展与训练，主要介绍的运动项目包括蹦极、热气球、滑翔伞；第八章为户外冰雪运动的科学开展与训练，主要介绍的运动项目包括滑冰运动、滑雪运动。整本书理论系统、解析深入、内容翔实、结构清晰，实践部分涉及户外运动项目众多，方法具体，实用指导性强，是关于户外运动的科学著作。

本书在撰写过程中参考并借鉴了很多专家、学者的研究成果，在此表示诚挚的感谢。由于作者水平有限，书中难免有不妥与疏漏之处，敬请广大读者批评指正。

作　者
2022 年 2 月

目录 /contents

第一章

户外运动概述

　　户外运动能够有效帮助参与者亲近自然，增强身体素质、提高心理能力，改善人际关系。户外运动虽然在我国起步较晚，但发展迅速，受到广大体育爱好者的欢迎。本章将简要阐述户外运动的相关概念、起源与发展，以及如何进行相关的体能、心理、技能等方面的训练。

第一节　户外运动的概念与特点

　　严格来讲，户外运动的全称是"山地户外运动"，特指在海拔 3500 米以下的山区、丘陵等地开展的、与登山活动有关的户外运动。但随着户外运动越来越普及，种类越来越繁多，户外运动这一概念也有所扩展。广泛来讲，户外运动是指在非室内场地举行的运动项目，此类运动以走出家门、脱离狭小空间的束缚、贴近大自然为特点，常带有探险或体验的性质。

　　户外运动可以根据运动开展的场地的不同进行分类（山地户外运动、海岛户外运动、荒漠户外运动、高原户外运动和人工建筑户外运动），也可以从体育竞技角度进行分类（山地运动、峡谷运动、野外生存、荒漠运动），具体如图 1-1 所示。

户外运动的分类

按运动开展的场地分
- 山地户外运动
  - 高山探险系列，如登山、高山滑雪等
  - 丛林系列，如定位与定向、丛林穿越、丛林宿营等
  - 峡谷系列，如溯溪、溪降、搭索过河、漂流等
  - 岩壁系列，如攀岩、岩降、攀冰等
  - 其他系列，如群众登高活动
- 海岛户外运动
  - 荒岛生存系列，如觅食、觅水、宿营等
  - 滩涂运动系列，如滑沙、沙地（上升器）拔河、结绳负重等
  - 峭壁运动系列，如海上攀岩、悬崖跳水、溜索等
  - 近岸水域系列，如木筏环岛、水中滚木等
- 荒漠户外运动
  - 沙漠动运系列，如沙漠穿越、沙漠生存等
  - 戈壁运动系列，如戈壁穿越、戈壁生存等
  - 荒原动运系列，如穿越荒原、荒原生存等
- 高原户外运动，如高原徒步、高原峡谷穿越、江河源头探险等
- 人工建筑户外运动
  - 垂向户外系列，如攀楼、攀塔等
  - 水平户外系列，如公路自行车、汽车公路穿越、公路徒步穿越等

从体育竞技角度分
- 山地运动，如登山、攀岩、攀冰、山地（定点）徒步越野、岩降、器械越野、滑雪等
- 峡谷运动，如溯溪、溪江、搭绳渡河、山洞漂流等
- 野外生存，如露营、生存技能、自救互救、救援等
- 荒漠运动，如荒漠定位与定向、畜力越野、徒步越野、信号与联络等

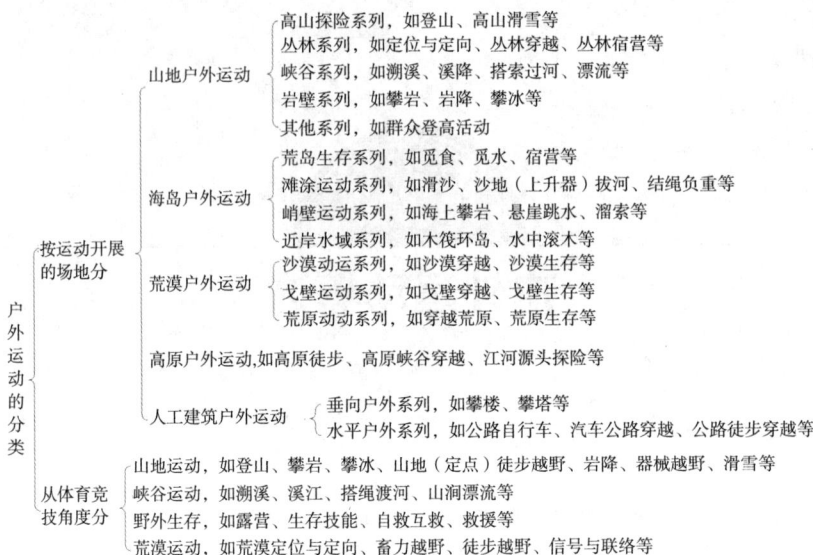

图 1-1　户外运动的分类

另外，按照自然环境的不同可以将户外运动分为山地运动、水上运动、空中运动、冰雪运动等项目。这几项运动在西方很多国家得到了普及与发展，其参与者水平较高。我国的户外运动开展较晚，所以大众普及度及竞技水平都处于相对落后状态。不过伴随着我国大众体育及竞技体育的快速发展，尤其是 2022 年北京冬奥会的举办，冰雪运动在我国掀起了一个高潮，关注冰雪运动的人越来越多。在全民健身背景下，各项户外运动的开展情况也越来越好。本书按照自然环境的标准划分户外运动，分别研究我国户外运动的开展，并阐述各项运动训练的具体手段或方法。

户外运动具有下列特点：

（1）真实性。户外运动需要所有运动者保持注意力高度集中，全身心完全投入于当前的活动，因此，运动者在户外运动中会有真实的体验、真实的感受，最终有所收获。

（2）综合活动性。户外运动中的各种项目均是以体能活动为引导，包含认知活动、意志活动、情感活动、合作交往活动的综合活动。训练活动通常具有明确的操作过程，以指导每一项活动任务的顺利进行。

（3）自我教育与自我挑战。户外运动项目一般难度较大，运动者需要克服自身的心理障碍，将其视为一种极限挑战，在训练中提升自身的能力，实现自我挑战。

（4）高峰体验。著名心理学家马斯洛提出了"高峰体验"理论。"高峰体验"指人们在自我实现的过程中,在全身心投入当前活动的过程中,忘却了时间的流逝,忘却了自身的存在,而感受到的短暂的、豁达的、极乐的、深刻的体验。这带来的是一种超越了基本需要的满足,是一种趋于顶峰、超越时空、超越自我的满足。人们在经历高峰体验时,会产生一种独特的存在认知:仿佛与整个宇宙融合了,处于自我肯定的时刻,达到一种超越自我的、忘我的、无我的完美状态。

户外运动作为一种专业的户外体验,在运动过程中,运动者极易投入,极有可能产生高峰体验。在克服困难,顺利完成目标后,运动者通常能够感到发自内心的自豪,获得难得的高峰体验。

（5）宽泛的适应性。户外运动具有广泛的适应性,社会各界人士都能够积极参与,无论是高级官员、经理、白领职员,还是普通工人、青少年。

第二节　户外运动科学训练指导

运动者切忌盲目参加户外运动,而是一定要做好充分的准备。这其中包括体能、心理、技能等多方面的准备。只有如此才能保证运动中的安全性,顺利地完成运动目标。体能训练、心理训练和技能训练可以说是运动训练中最为重要的三个部分,因此一定要给予高度重视。本节重点研究这三个方面,从而为运动者参加户外运动提供科学的指导。

一、户外运动之体能素质训练

凡是要参加户外活动的人,体能上的准备不可缺少。身体基础差、平时又很少参加体育运动者,体能准备就要做充分些。户外活动的体能准备是多方面的,其中最主要的是要进行耐力和力量训练,如行前经常进行跑步、负重登楼、游泳等常规运动。准备户外运动时,应保持自己良好的体能状态,做好思想和身体上的准备,这样才能使每次活动在比较安全的情况下进行。因此,对于希望参加户外运动的人,尤其是与野外运动工作有关专业的在校学生来说,相关内容的体育教学,显得格外重要和有意义。

(一)体能素质训练的生理本质

参加户外运动之前,要先做充分的体能准备。发展和提高各项身体素质能力,需要一个详细的计划以及执行周期,因为体能的增长需要一定的时间积累。因此户外运动是从正式出门之前的体能训练开始的。准备的时间和训练强度根据每个人的基础条件而不一,但是每个人都应该给予相当的重视,因为户外运动不比在体育馆、健身房的常规锻炼。它可能要面对很多未知情况和极端天气,而且如果你选择的是类似于远足的户外运动的话,那么由于远离城区,一旦遇到意外情况就有可能无法及时地被送到医院。因此具备一定的体能是顺利完成户外运动的基本前提。体能素质主要包括力量、耐力、速度、柔韧等。

另外,在参加户外运动之前,为了确保安全应该先做一次全面的身体检查,确保身体的主要组织与器官等都正常良好,而且没有隐性疾病。如果有高血压、低血糖、哮喘或者恐慌症等疾病或问题,应该谨慎参加户外运动。

(二)体能素质训练的内容

1.力量素质训练

(1)胸部力量训练

胸部力量训练主要是锻炼胸大肌、胸小肌和前锯肌等,胸部力量训练的方法很多,有徒手练习也有器械练习。

训练方法:

①俯卧撑。俯卧撑以锻炼肱三头肌、胸大肌、三角肌和前锯肌等肌群为主。两手间距稍比肩宽,直臂双手俯卧撑地,两腿伸直,两脚脚趾撑地,做两臂的屈伸运动,待力量得到提高之后,可以背部负重或以其他方式增加练习负荷。需要注意的是练习时不应有任何多余动作,并且练习过程中应尽量加大两臂的屈伸幅度。刚开始训练时每组15个,做3组。

②仰卧扩胸。仰卧扩胸练习主要用于发展胸大肌和三角肌的力量。仰卧在瑜伽垫或者矮凳上,两手持哑铃两臂伸直,与身体保持水

平。直臂慢速将哑铃举至胸的正上方，然后慢速还原成预备姿势，反复练习。

③颈上卧推。颈上卧推主要用于提高胸大肌上部、肱三头肌和三角肌的力量素质。仰卧于卧推架上，可采用宽、中、窄三种握距，手持杠铃或哑铃，先屈臂将其放于颈根部，两肘尽量外展，推起杠铃至两臂完全伸直，反复练习。每组 15 个，做 3 组。

（2）上肢力量训练

上肢力量的训练主要是训练肱二头肌、肱三头肌等上臂肌群及小臂肌群。

训练方法：

①仰卧推举。身体仰卧在卧推椅上，选择合适的杠铃在胸前做向上推举运动。要注意的是在上推时使用爆发力，上臂应该充分伸展，下放时尽量慢慢放下。

②爬行推车。两人一组配合练习。一人双掌撑地，两臂保持伸直向前爬行，另一人握住并提起其脚踝呈"推车"状辅助其爬行。注意爬行的人始终保持躯体平直不要塌腰，不能提臂。协助提腿的人应以跟随为主，不要向前推或者向后拉拽。两人可互换位置进行多次练习。

③推实心球。两人一组相对站立，相互之间平推实心球。可以分别以站立姿势和蹲起姿势交替练习。

④坐姿弯举。两腿自然分开坐于凳端，一手握哑铃，另一手掌置于持哑铃手侧的膝关节侧上方用于辅助与支撑握哑铃的手臂（辅助的手臂放于腿上），练习手臂将肘关节的上部置于膝关节处另一侧的手背上，上臂固定并慢速屈肘至胸前，然后再有控制地慢慢放下哑铃成预备姿势，反复练习。

⑤站立屈臂举。两腿自然站立两手反握杠铃，两臂伸展使杠铃位于体前。两手握距可宽可窄，随个人情况而定。固定两肘并慢速屈臂将杠铃上举至胸前，然后有控制地慢慢放下杠铃，还原成预备姿势，反复练习。

（3）肩部力量训练

肩部力量训练主要是针对肩部肌群力量的训练，特别是锁骨末端的三角肌的力量。力量训练能使机体的整个三角肌得到全面的发展。

颈前推举主要是锻炼三角肌前束和斜方肌的肌力。

训练方法：可采用直立姿势或坐姿，两手握杠铃并与肩同宽，握杠于锁骨处,手臂垂直向上伸直推起,然后缓慢落下,还原成预备姿势,反复练习。

训练要求:杠铃的型号可根据练习者的具体情况进行调整,在训练过程中可逐步增加难度,以免对机体造成损伤。

(4)腰腹力量训练

腰腹力量训练的重点是发展腹外斜肌、腹内斜肌、腹直肌和髂腰肌等肌肉的力量,充分利用腹肌的收缩来缩短骨盆底部至胸骨间的距离。

训练方法:

①两头起。仰卧屈体练习也就是俗称的"两头起"。进行这种练习时要求动作快起慢放,身体和脚不要弹地而起,以避免影响练习效果。

②仰卧举腿练习。上身仰卧并保持不离地面、不弯腰,双腿伸直举起与上身成90度,然后有控制地放下,反复练习。

③肋木屈伸。背靠肋木身体呈蹲姿,两臂伸直握住肋木,屈髋、屈膝、用力收腹提腿,身体尽可能触及脸部(刚开始练习如果做不到就以自己能提起的最高位置为标准),腿落下时尽量放慢速度,此时注意脚不能落地。

④仰卧画圈。身体仰卧瑜伽垫上,两腿伸直举起与地面成35—40度角,两手臂撑地保持身体平衡。两腿做画圈运动,或者左右摆动。运动过程中,始终保持两腿伸直,且注意感受腰腹部的肌肉用力,不要使用惯性带动身体摆动。

⑤半仰卧起坐。平躺在瑜伽垫或者练习凳上,两手持杠铃片置于头后,两腿自然放松。上体向前上方卷起,同时两膝逐渐弯曲,然后还原成预备姿势,反复练习。用力时吸气,放松时呼气,收缩时停两秒。也可不负重物进行练习。注意下背部和髋部不能因上体抬起而离开瑜伽垫或练习凳。

⑥支撑举腿。两手撑在双杠上,下肢放松,身体自然伸展。两腿伸直双脚并拢,收腹举腿至水平位,与上身成直角,然后再放下双腿,还原成预备姿势,反复练习。注意练习时应该直膝向上举腿,举腿速度均匀,放腿动作不要放松,应有控制地下放。

(5)大腿力量训练

腿部是机体运动的重要部位之一,腿部力量是机体从事常见运动项目的基础。

训练方法：

①跳高。屈膝收腹跳并尽量使脚跟触到臀部（或双膝尽快贴近胸部）并跳到最高，落地后迅速开始第二跳，这个练习速度最重要。

②蹲跳。双腿开立，肩负适当的杠铃并放低身体重心，连续做蹲跳动作。注意练习时颈部挺直，不塌腰。

③纵跳。身穿沙背心、带沙护腿，成半蹲姿势。两脚蹬地起跳，两臂上摆，腿充分蹬伸，头向上顶，缓冲落地，回到起始动作，重复练习。连续练习 10~15 次。也可悬挂或标出高度目标，以两手触摸标志线或物体进行练习。

④跳深。准备 5~8 个高度为 70~100 厘米的跳箱纵向排好，每个跳箱横放，间距均为 1 米左右。练习时面对跳箱并腿站立，双脚同时用力跳上跳箱，紧接着向下跳，然后顺序跳完所有的跳箱，连续跳上跳下20~30 次。

（6）小腿力量训练

双脚分开站立，可以肩负适当的杠铃，双脚脚掌踩在台阶上或一定高度的台面上，脚跟悬空做提踵练习，下落后使脚跟与脚掌在同一水平面上，反复练习。

注意开展以上所有力量素质训练时，在训练前一定要做热身运动，训练后要做放松运动。

2. 速度素质训练

（1）反应速度训练

①信号刺激练习。信号刺激练习可以有效训练反应能力。例如吹哨，或者利用手势等发出信号，并提前制定每个信号代表的动作旨意，被训练者要在最短时间内做出反应，完成动作。该练习需要两人或者多人协助进行。

②互相拍击练习。两人相互拍击对方背部，并避免被对方击中。

（2）运动速度训练

①仰卧快速斜推哑铃。练习者坐在瑞士球上，向前迈步并保持身体不离球顺势改成仰卧姿势，头枕在球上，且上背部支撑身体重心，双脚保持在地面上。连续快速向上推哑铃。

②俯卧撑起击掌。双手掌与双脚撑地，使身体悬空成一条直线俯卧。弯曲肘部，而后快速撑起身体并击掌，恢复开始姿势，重复练习。

③双球支撑快速扩胸。放置两个左右相邻的瑞士球,俯卧用双臂的前臂支撑身体重心。双脚支撑在地面上,使身体与地面成30度角,同时用力向外侧滚动两个球,双臂打开直到自己能够控制的最大程度。然后双臂回收,将球滚到开始位置。反复快速练习。

（3）移动速度练习

①摆臂。双脚并拢站立,上身以短跑动作前后摆动双臂(保证肘关节弯曲约90度)。前摆时手摆到与肩部大约相同的高度,后摆时手摆到臀部之后。快速反复练习。

②踝关节小步跑。采用很小的步幅快速跑,强调的是脚底肌群的蹬地和踝关节屈伸动作的快速交替。

3.耐力素质训练

耐力素质训练分为有氧耐力和无氧耐力训练。有氧耐力训练也称为基础耐力训练,最常采用的就是持续训练法和循环训练法。让练习者长时间地进行一项或多项练习。无氧耐力训练即无氧糖酵解能力训练、抗乳酸能力训练、能源物质的储备和支撑运动器官的能力训练。

（1）有氧耐力训练

①奔跑耐力训练。长跑是最好的有氧耐力训练方式,比如匀速跑、变速跑、间歇跑、越野跑。但是注意练习时间要保证在30分钟以上,强度越低,时间越长,效果越好。注意奔跑前要做充分的热身运动,使肌肉和韧带得到足够的伸展。训练后不要立刻停止运动,应做10分钟左右的放松运动。

②速度耐力训练。以200米为一个单位,在规定的时间内练习者从起点跑到终点,然后同样在规定的时间内从终点再返回起点。完成规定次数的练习后要做10分钟左右的放松活动。

也可以进行50米冲刺跑练习。可分多组列队练习,也可以独自练习。多人练习可以增加训练的趣味性。比如排头人员听到信号后全力冲刺至终点再慢跑回队尾准备下一次跑。每人至少完成10组以上。

（2）无氧耐力训练

①间歇后蹬跑。行进间后蹬跑。每组30~40次或60~80米,重复6~8次,间歇2~3分钟。保持消耗80%体力的强度。

②原地间歇高抬腿跑。原地做快速高抬腿练习。每组做5秒或10秒、30秒快速高抬腿练习,做6~8组,间歇时间为2~3分钟。保持消耗

90%~95% 体力的强度。

③间歇接力跑。在跑道上将四人分成两组,两名同组队员间距200米站立,听口令起跑,每人跑200米后交接棒。每人重复8~10次。也可根据人数自行组队。

4. 柔韧素质训练

（1）颈肩柔韧训练

①拉头练习。向前拉头、向后拉头、向两侧拉头。注意拉头时动作一定要缓慢,避免颈部受伤。

②拉肩练习。向内拉肩、向上拉肩、背向拉肩。

（2）躯干柔韧训练

①站立伸背练习。站立,双手扶栏杆或者高物,上体前倾并下压。

②弓箭步压髋。弓箭步,前膝屈90度,后膝触地,下压后腿及髋部。

二、户外运动之心理素质训练

（一）户外运动之心理素质训练的内容

户外运动不仅仅是对身体的一种接近极限的挑战,同时也是对心理素质的极大考验。户外运动的心理素质训练主要包括注意力训练、自信心训练、意志品质训练三方面的内容。

1. 注意力训练

户外运动一般在嘈杂的自然环境中进行,运动者的注意力会受到很多因素干扰,因此会容易错过一些细小但是非常重要的信息,这时候注意力就显得非常重要。

户外运动要求参与者具有高强度、长时间的注意力,并具有高质量、大广度的注意范围。特别是在进行攀岩、涉水等相对危险的运动时,运动者必须保证全身心地投入,以免因注意力不集中而发生意外。运动者可以采取以下训练方法来提高自己的注意力。

（1）视物法

视物法就是通过观察事物来凝聚视线和注意力。需要仔细观察一个目标物,数秒后,闭目回忆目标物,然后再观察,再回忆。反复进行上述过程,直到对目标物有清晰且全面的认识为止。

（2）口令法

练习时要集中注意力观察或聆听较弱的特定信号,然后采取既定行动。注意随训练深入要增加一定的干扰。

2. 自信心训练

在面对有挑战性的运动或者动作时,自信心有时候比身体技能还要重要。它是参与户外运动的必要心理准备。良好的自信心其实来自个体对自我运动经验和技术水平的准确而客观的认知。这样的认知需要通过大量的练习才能实现。另外,还需要自觉地管理消极情绪,保持良好心态,平和、专注、积极地应对一切挑战。

3. 意志品质训练

意志品质训练是户外运动训练中非常重要的内容。参与户外运动时,运动者会面临各方面的挑战和磨炼,尤其是随着户外运动的持续进行,大量的体力消耗后,运动者容易产生心理疲劳,这时更加需要有坚强的意志品质才能完成运动。运动者可以采取以下方法来锻炼自身的意志品质。

（1）自制力训练

通过主观方面的心理调节对坚持完成运动和训练任务进行自我激励。可以通过多次增加难度,来获得良性的自我暗示,并通过坚持正确的态度和动机等方法来克服主观困难。

（2）情绪调节训练

情绪对心理活动会产生较大的影响,有时消极情绪在户外运动中甚至会带来致命的影响。因此,在心理素质训练中,一定要加强对情绪的管理能力的练习。可以采用自我鼓励、自我说服、自我暗示,以及通过教练或者同伴的鼓励的方法来达到放松和调节的目的。户外运动有些是团队行动,团队的整体情绪需要领队和每个队员的共同维护,因此每个人应该有责任感,不要因为自己而给团队带来消极负面的情绪影响。尽量自我克制,这种责任感和团队意识也能帮助练习者控制情绪,振奋精神。

（二）户外运动心理素质训练的要求

（1）训练要有计划性。心理素质训练应该有计划性、科学性,才能使整个心理训练过程得以顺利完成,急于求成或者松懈都会影响训练效果。

（2）训练要有针对性。心理素质训练应具有很强的针对性，并不是每个方面都要训练，只针对个人的薄弱环节训练即可。

（3）训练要有系统性。无论是身体技能的训练还是心理训练，都要有系统性，盲目地"点"式训练看似走了捷径，其实效果往往不能持续得长久。

三、户外运动之基本技能训练

在参加户外运动的时候，首先需要考虑的就是安全问题，要针对户外运动的场地、天气、食宿、卫生等情况提前做好充分的准备。比如准备必要的食物和水、光源、生火器材、炊具、刀具、药品、指南针、登山杖、防晒护具、通信设备及电源等。但是户外运动的最大魅力之一就是对野外生存能力的挑战，因此，尽管参加者可以通过购买一切所需的用具来应对挑战，但是还要训练和掌握在相对特殊或者资源短缺情况下的户外生存能力和应急能力。

（一）户外运动之生存技能

1. 食宿技能

（1）寻找食物和水源

生存技能是户外运动的重中之重，其中排在第一位的就是寻找食物与水源。我国地域广阔，野外可食用植物种类很多，其中包括可食的野果、野菜、藻类、地衣、蘑菇等。对可食野生植物的识别是野外生存知识的主要内容，有着重要的实用意义。其中有一个最简单的辨别有毒与否的办法是将采集到的植物割开后放一点盐，然后仔细观察切口是否变色，通常变色的植物不能食用。

水对于生命的重要性甚至高于食物，因此，一定要牢牢掌握寻找水源的知识和技能。一般山脚下、山涧、断崖、盆地、谷底等都是找寻水源的好去处。此外，如果听到了蛙声和水鸟的叫声，那么附近一定有流动的活水，这种水一般是可以饮用的。还可以留意泥土的腥味以及水草的味道，这些都可以帮助运动者找到最近的水源。

除了这些现成的水源之外，还要会判断是否有地下水以及水位的高低。比如山脚下往往有地下水，在雨水集中处、水库的下游地下水位普遍比较高。河道的转弯处在外侧的最低处几米之下基本上能找到地下水。另外，还可以通过观察植物寻找地下水，比如初春时大多数树枝还没发芽，唯独有一处树枝已发芽吐绿，这说明此处很有可能有地下水。还可以根据动物、昆虫的活动情况寻找水源，有青蛙和大蚂蚁、蜗牛居住的地方都基本有水，燕子飞过的路线和筑巢的地方也都可能有水源，或者此处的地下水水位可能较高。此外，春季解冻早的地方和冬季封冻晚的地方，以及降雪后融化快的地方的地下水水位普遍较高。

需要注意的是，为了安全起见，除泉水和地下深井水可直接饮用外，其他水都需要净化消毒处理后再饮用。比如净水药片、医用碘酒、亚氯酸盐或者食醋或者煮沸法都可以用于水的消毒。

在南方大量的植物都含水充沛，只要用刀将其从底部迅速砍断，就会有干净的液体滴出。另外，在春天树木发芽之时，也可从桦树、山榆树等乔木的树干及枝条中获取饮用水。或者从芦荟、仙人掌及其果实中直接获取饮用水。

（2）选择宿营位置

户外运动有时需要野外宿营，所以必须熟练掌握露营的方法和技巧。

①选择位置。如果是风和日丽的好天气，露营地的首选是坚硬、平坦的位置，这样睡在上面才更舒服，才能得到充分的休息。但是不要在河岸和干涸的河床上扎营，帐篷要远离有滚石的山坡，且入口要背风。如果遇到暴风骤雨的恶劣天气，那么应该把帐篷搭建在灌木丛中或者大石堆中。如果遇到阴雨天气，应提前在篷顶边线正下方挖一条排水沟，用大石头或者其他重物压住帐篷的四角。如果人数较多，应在露营地的下风处先搭建公用帐篷，然后依次向上风处搭建仓库帐篷和宿营帐篷。

②避免蚊蝇。户外运动中难免遇到蚊蝇，但还是有办法可以尽量避免或者减少蚊蝇等虫子的烦扰。比如不要选择死水塘边、茂密的草地中或者有积水的地方宿营，因为那里正是蚊虫滋生的地方。

③带走垃圾。户外运动的一项纪律是必须带走垃圾，这不仅仅是个人素质修养的问题，而且还关系到人身安全。比如一个普通的矿泉水瓶就有可能引发一场森林大火。因此，对于户外运动来说垃圾处理问题不是生活琐事，它涉及环境保护和生命安全。一般而言，纸类垃圾可以焚烧后就地掩埋。塑料瓶和易拉罐等要随身带走，万不可随手乱扔。

2. 环境生存

（1）明确方向

在户外运动中尤其是场地在野外时,一定要掌握辨别方向、判定位置的技能。即便是很有经验的户外运动者也会有迷路的时候,可见户外辨别方向不是一件容易的事情,应该非常用心地观察和熟记方法。

①利用仪器。常见的比如指南针、对讲机、手持电台等都是非常方便实用的设备。可以快速准确地帮助运动者定位和辨别方向。需要注意的是要提前熟悉使用方法和准备备用电源。

②"徒手辨别"方向。徒手辨别方向是一种强大的生存技能,对于热爱户外运动的人来说它是一个必备的傍身技能,以下是几种比较简单和常用的方式。

利用带指针的手表。如果你有一块走时准确的有指针的手表,将手表的时针指向太阳时,时针与12之间夹角的平分线所指的方向就是正南方。

利用金属丝。用细金属丝在头发上沿同一方向摩擦,使其产生极性,然后用悬吊或者放在水面的方式放置(这样做是为了将阻力降至最低),这样金属丝会逐渐指向南北方向。

利用日影。在晴天时可以利用日影辨明方向。具体做法是在地上竖立一木棍,木棍的影子将随着太阳位置的变化而移动,将这些影子的末端连成一条直线,该直线的垂直方向是南北方向。

利用植物。在北半球植物大部分的花朵、叶子都朝向南方。地衣、藓类的阳面叶子较小和干燥、手感较硬,并且有发黄、棕、红的趋向,阴面的叶子较大和湿润,更趋向于绿色。阳面是南,阴面为北。岸边的柳树枝条也会向南侧倾斜。以上方法一般适用于北半球。

（2）识别天气

①天气变化有征兆。在山地如果白天风自山谷往山顶吹,而夜晚由山顶吹向山谷,那么未来的天气会逐渐变得越来越好。相反,如果发现白天风是从山顶向山谷吹,而夜晚则从山谷吹向山顶,那么未来的天气将会变得越来越差。另外,太阳周围出现的"大晕圈"是有雨的征兆;在月亮周围出现的"小晕圈"是有大风的征兆;云团行走得很快且有逐渐增多的趋势,这种情况是暴风雨的前兆;半山谷云雾的快速上升是暴风雨将要来临的前兆。

②看云识天气。我国民间有很多谚语记载着看云预测天气的方法。比如,"朝霞不出门,晚霞行千里""日落火烧云,明朝晒死人""红云变黑云,必是大雨淋"等,这些谚语不仅朗朗上口,非常好记,而且也是识别天气的重要依据。

③观雾知天气。"十雾九晴""早上雾蒙蒙,中午晒得皮肉痛""早雾晴,夜雾阴",这些通过雾来反映天气的俗语也是有其科学道理的。

3. 必备物品

户外运动越来越受现代人的喜爱。但是不得不承认,随着文明的发展,现代人已经因远离野外环境太久而变得非常依赖人工环境了。因此,在出门去野外参加户外运动之前,生存和保护自身安全的必备物品如服装、食物、水、护具装备等等是肯定要准备的。除此之外,重点建议随身带上几张报纸、高锰酸钾和保温毯。它们因为看上去太过稀松平常而常常被忽略,但是在某些关键时刻却能发挥至关重要的作用。

（1）报纸

户外活动中报纸的重要性是众人皆知的,报纸可以用来保暖、消遣、当夹板、点火、驱虫等等。

①保暖。户外运动会大量出汗,但是大汗淋漓会打湿衣服,使人容易着凉感冒,户外生病是一件非常严重的事情,会增加生存危险。但是如果随身携带太多衣物又会增加行李负担,非常不方便,而且户外常用的具有防潮、保暖等功能的衣物价格昂贵,会提高出行成本。这时候报纸就是一个非常方便实用且廉价的选择,尤其是在大运动量的户外运动后。报纸挡风效果很好,将报纸前后贴身铺平,就相当于多穿了一件保暖内衣。而且报纸会吸附汗液,这样就不至于使衣服沾湿,更重要的是它还可以重复使用。

②防暑。如果在夏季进行户外运动,那么防暑是首要问题,报纸可用来降温(将其制成帽子或者扇子都非常方便),还可以赶走蚊蝇,一举两得。

③纠正呼吸性碱中毒。高山空气稀薄,人会加快呼吸来改善缺氧状况,过度呼吸会呼出更多的二氧化碳,造成呼吸性碱中毒,严重时会威胁人的生命。这时候将报纸卷成漏斗状,在漏斗顶端留出直径 1 厘米的小孔,用漏斗的底部包住口鼻,这是一种预防和缓解呼吸性碱中毒的好方法。

（2）高锰酸钾

高锰酸钾是户外运动中必不可少的药品，可以用来净化水、做标记、清创、消炎解毒、摩擦生火等。

（3）保温毯

保温毯是自救互救过程中非常重要的物品。

（二）户外运动之应急技能

1. 溺水

救助溺水者之前要先判断自己是否有救助的可能和能力，不要为了救人而让自己处于危险之中，不要随便跳进水里，特别是水势汹涌的河流，除非受过水上营救训练。一般情况下最好选用一根长竹竿或者树枝或者长绳并且使其紧系在救生圈、救生衣之上，然后将其抛给溺水者，把溺水者救到岸上。

必要时要对溺水者进行人工呼吸，帮助其恢复呼吸，并尽快将其送往医院。

2. 雷击

避免雷击的方法很简单：远离金属和潮湿的地方；不要去触摸和佩戴金属物品；不要站在高大的孤树残株旁边，或是山脊顶、瞭望高台上；不要站在伐木开垦出的空地中间。如果正在森林内那么要找到矮树林间较低而干燥的地方，保持蜷曲或是跪下来以遮护自己。蜷曲在背包上可以多一层保护，可以避免闪电击中地面而传导给自己。

3. 被毒物咬伤

户外运动时运动者面临的另一威胁是毒蛇、蝎子、蜈蚣、毒蜂等的叮咬，下面是一些简单的应对处理方式，经常参加户外运动的人一定要掌握。

（1）只有某些体型较大的蜈蚣能造成攻击性咬伤致痛，并引起局部水肿和红斑。体征很少持续超过 48 小时，坏死罕见，感染几乎没有。可以冷敷镇痛。

（2）蝎蛰刺会仅引起局部疼痛和轻微肿胀，伤口周围皮肤温度上升和触痛。毒液可立即引起疼痛和受累部位的麻木和刺麻感，但通常无肿胀。儿童可能出现头、颈、眼异常而胡乱地晃动的情况；成人主要表现为心动过速、血压升高、呼吸加快、体弱无力。成人和儿童均可能出现呼吸困难和流涎过多的情况。甚至有毒蝎可以致死。剧毒蝎特征都是尾大钳小，但是蝎的毒性普遍小于蜘蛛。

（3）蜂一般不会主动攻击人，因此避免惊扰蜂群和蜂窝就能避免绝大部分被蜇的可能。此外，芳香物质会使蜂误认为是蜜源而召集"大部队"，因此要避免携带、使用含大量芳香物质的物品，如化妆品等。

（4）自然界中蛇的种类众多，如果被毒蛇咬伤，症状会因蛇毒性质差异而不同。急救的原则是及早防止毒素扩散和吸收。比如尽快在咬伤附近心脏方向5~10厘米处用止血带或橡胶带等绑紧，阻止静脉血和淋巴液回流。然后用手挤压伤口周围或用口吸的方法将毒液排出体外。

4. 求救

虽然人们在进行户外运动之前会做足准备，但是户外运动安全依然要引起重视。在新闻里不时会听到有人因爬山或野外探险而遇难或者失踪的消息，可见，尽管人们做了周详的准备，依然不能避免意外的发生。

对于每一个即将参加户外运动的人来说，学习和掌握求救本领是一门必修课。

（1）烟火信号求救

烟火作为联络信号是非常有效的。因此在遇险时可根据自身的情况首先考虑依靠烟火求救。白天可在火堆上放置苔藓、嫩树枝、橡皮胶皮等，使之产生浓烟。晚上则可多放干柴，使火烧旺，让火势升高，但同时也要保证自身安全。另外，国际求救信号是燃放三堆火焰，并且摆成正三角形（这样安排也方便点燃）。但是需要注意，因为不可能让所有的信号火种整天燃烧，所以择时点燃也非常关键。比如一旦有任何飞机路过就要尽快点燃求助，这就要求燃料要易燃，点燃后能快速燃烧，白桦树皮就是十分理想的燃料。在火堆上添加散发烟雾的材料，浓烟升空后与周围环境可以形成强烈对比，易引人注意。任何潮湿的东西都可用来产生烟雾，黑色烟雾在雪地或沙漠中最醒目，橡胶和汽油可产生黑烟。

（2）符号信号求救

在比较开阔的地面，可以通过制作地面标志的方式发出求救信号。比如国际民航统一规定的地空联络符号示意有：SOS（求救）、SEND（送出）、DOCTOR（医生）、HELP（帮助）、INJURY（受伤）、TRAPPED（受困）、LOST（迷失）、WATER（水）。

（3）声音信号求救

如隔得较近，可大声呼喊，常用的方式是三声短三声长，再三声短。

第二章

户外运动的价值挖掘与彰显

随着我国经济的不断发展，人民生活水平大幅度的提高，休闲时间日益增多，与此同时我们也面临着一些问题：社会竞争日益激烈，人们的精神压力不断增大，心理不安因素增多。面对快节奏、高强度的社会生活，人们渴求融入自然，调节身心，以期暂时远离喧嚣功利的困扰，这就为我国户外运动的开展提供了生存的土壤。本章主要对户外运动的健身价值、健心价值、教育价值进行叙述。

第一节　户外运动的健身价值

一、户外运动的运动生理学基础

（一）能量来源

在运动过程中身体需要有基本的力量投入，而力量又源于能量支撑。不管是日常锻炼、运动训练还是参加比赛，只要是身体活动，就都必须具备充足的能量。人体活动所需能量主要通过三种方式供应，分别是磷酸原系统（ATP-CP 系统）供能、糖酵解系统供能和有氧供能系统供能。

1. 磷酸原系统（ATP-CP 系统）

由于只有少部分的三磷酸腺苷储存在骨骼肌中，当运动强度很大时，骨骼肌中的能量在很短时间内就会完全消耗完，磷酸肌酸也会快速下降到原来的 1/2 左右，若运动强度极大，则可能会完全耗尽机体能量。在运动开始后前 2 秒内，磷酸肌酸供应的三磷酸腺苷最多，到第 10 秒时供应能力下降一半，到第 30 秒，供应能力越来越弱。当磷酸肌酸分解三磷酸腺苷的量变少，供能能力下降时，糖酵解系统供能的作用逐渐突显。

在运动强度达到极限（短时间极限运动）的运动中，能量主要来源于磷酸原系统。磷酸原系统为机体供应能量的同时也在快速补充能量（三磷酸腺苷和磷酸肌酸），恢复供能能力。一般情况下，三磷酸腺苷在运动后半分钟就能恢复一半以上，运动后 5 分钟左右可以完全恢复。相对来说，磷酸肌酸的恢复时间比三磷酸腺苷要长，一般完全恢复需要 8 分钟。有氧代谢是磷酸原系统恢复供能能力的主要方式，此外部分储备的恢复主要来自糖酵解系统。

2. 糖酵解系统

在很多运动中，运动者机体所需能量来自糖酵解系统，糖酵解系统供能持续的时间比磷酸原系统长一些。利用血糖和肌糖原生成三磷酸腺苷是糖酵解系统供能的主要方式。在运动初始阶段，糖酵解系统的供能方式是通过快速糖酵解来供给三磷酸腺苷，当运动时间持续两分钟后，糖酵解系统的供能方式是通过慢速糖酵解来供给三磷酸腺苷。糖酵解会生成乳酸，进而向乳酸盐转化。当糖酵解反应快速发生时，会影响机体将乳酸向乳酸盐转化的能力，这样就会使体内堆积乳酸，造成疲劳，影响运动顺利进行。在高强度、重复多、间歇短的运动中常常出现乳酸堆积的现象，这就对能量供给的速度提出了较高的要求。

运动持续一定时间后，快速糖酵解供应三磷酸腺苷转变为慢速糖酵解供应三磷酸腺苷。理论上而言，为了控制乳酸堆积，要适当降低运动强度，控制糖原和葡萄糖分解速度，机体适当缓冲由乳酸向乳酸盐转化的过程，促进丙酮酸的形成，而后进入线粒体的丙酮酸在氧化代谢中发挥重要作用。乳酸生成乳酸盐后，部分进入肝脏向葡萄糖转化，部分进入活性组织内（骨骼肌和心肌等）向丙酸酮转化，然后在氧化代谢中发挥作用。

运动者膳食中糖的含量直接关系着机体内糖原的可利用量。如果膳食中糖的含量少,机体储备的肌糖原的含量就会减少,从而影响运动者的运动能力。在户外运动中,运动强度和运动持续时间决定了运动者需要使用的糖原量。糖原在肝脏、肌肉中的储备量会受到运动性质、运动方式以及运动时间的影响。所以在户外运动中,关于糖原再合成的问题尤其是合成的时间问题是指导者和运动者都要重点关注的问题。如果运动者体内肌糖原消耗后补充不及时,就会严重削弱身体活动能力,使肌肉无法正常工作。

当一次户外运动结束后,通常需要一天左右的时间才能完全恢复肌糖原。若户外运动中发生肌肉损伤,或运动结束后膳食中缺少必需的糖,那么肌糖原需要更长的时间才能恢复。

3. 有氧供能系统

有氧供能系统也是利用肌糖原和血糖生成三磷酸腺苷来供应能量的,这是其与糖酵解系统相似的地方。不同的是,糖酵解系统在无氧状态下供能,而有氧供能系统是在有氧状态下供能。有氧供能系统利用糖原和葡萄糖分解供能,但糖原分解不会产生乳酸,这也是其与快速糖酵解系统不同的地方。另外,有氧供能系统除了通过糖原分解供能外,还能利用蛋白质、脂肪生成三磷酸腺苷来供能。运动者在休息时,脂肪氧化反应为有氧供能系统提供的三磷酸腺苷占70%,碳水化合物氧化反应为有氧供能系统提供的三磷酸腺苷占剩余30%,从而促进有氧供能系统中三磷酸腺苷的快速恢复。在以有氧供能为主的运动中,运动强度决定了能量的利用。如果运动强度低,那么机体所需能量主要从脂肪和部分糖的有氧氧化中获得。在较大强度的运动中,糖原消耗增加,糖的有氧氧化产生的三磷酸腺苷成为机体活动的主要能量来源。

(二)适应

进行户外运动需要具有组织性、计划性,它既是身体体能活动,也是心理挑战活动,在运动过程中要以一定的运动负荷去刺激身体和心理,使身心产生应激反应。在大自然中,万物都要适应生存环境,不适应的终将被淘汰。在运动领域也一样,运动者在运动过程中要不断适应运动负荷,提高身心适应能力。倘若随着运动负荷和运动环境的不断变化,运动者的身心无法适应新的刺激,那么就容易造成运动疲劳、运动损伤,预期的运动目标和运动任务也会很难完成。

在长期反复的运动实践中,随着运动刺激的增加,运动者身心所产生的所有应激反应反映了身心的适应过程。运动者根据运动目的和需要而进行身体活动,在活动过程中运动负荷、运动频率的调整和变化会在一定程度上改变机体结构,产生运动生理反应,运动者只有不断适应新异刺激,才能逐渐提高体能活动能力,也才能逐渐提高心理挑战能力。如果运动负荷太小或长期没有变化,那么生理变化就不会发生,就谈不上运动适应。相反,如果长期采用超过运动者承受能力的运动负荷去刺激身心,就容易造成过度疲劳和运动损伤。

户外运动训练中采用的训练方法直接关系着机体的适应情况,在设计和选用训练方法时,要对运动需要、运动技能等因素予以充分考虑。户外运动训练项目的生理难度和心理难度、项目的技术复杂度决定了运动者达到高度适应所需要的时间。训练项目难度和复杂程度越大,人体就需要越长的时间才能达到高度适应。

在户外运动训练中要循序渐进地调整训练刺激,促进身体机能和身体活动能力的不断提高,使身心达到高度适应的水平。所以在户外运动训练中精心制订训练计划非常关键,只有按照科学计划循序渐进地开展训练工作,逐步提升刺激,才能引起身心的积极适应,取得良好的户外运动训练效果。

(三)恢复

1.超量恢复

超量恢复是一项运动定律,同时也是一种训练现象。在运动中要系统考虑运动负荷、生物能量特点及二者的关系,基于对二者关系的正确把握而科学运动,逐步提高适应能力。在一个完整的运动板块中,应该同时具有高强度、中等强度和低强度的运动,三者交替进行,尤其是在两次运动的过渡阶段要进行不同强度的运动,如此才能更好地促进身心的恢复。同时,在周期运动中要对两次运动间的恢复时间进行科学安排与合理调整,这些都是实现超量恢复的重要基础。

将超量恢复定律和原理运用到户外运动训练中具有诸多重要意义,

具体如下。

（1）帮助人们在高强度户外运动中更好地应对刺激和处理压力。

（2）帮助户外运动指导者创建具有完整结构的户外运动系统。

（3）对户外运动进行科学规划，运动后采取积极的休闲和恢复方法，使运动者身心很快就恢复到良好状态。

（4）预防过度运动和过度疲劳的发生，使户外运动指导者交替安排不同强度的运动内容，取得最佳运动效果。

（5）设计与安排有效的生理调节和心理调节方法。

户外运动中运动者疲劳的积累与其在运动中出现的急性生理反应有关，疲劳积累影响体内平衡，并降低身体机能。运动结束后，机体又重新恢复之前的正常状态，这其中包含一个恢复的时期（图2-1）。机体要经过渐进的缓慢的过程才能恢复到正常的平衡状态，这个时间的长短与训练强度及疲劳的程度有关。训练强度大，但间歇时间适宜，那么很快就能恢复到平衡状态，达到超量恢复的效果。但如果运动强度大，间歇时间不适宜，疲劳程度严重，那么恢复平衡状态的时间就会延长。

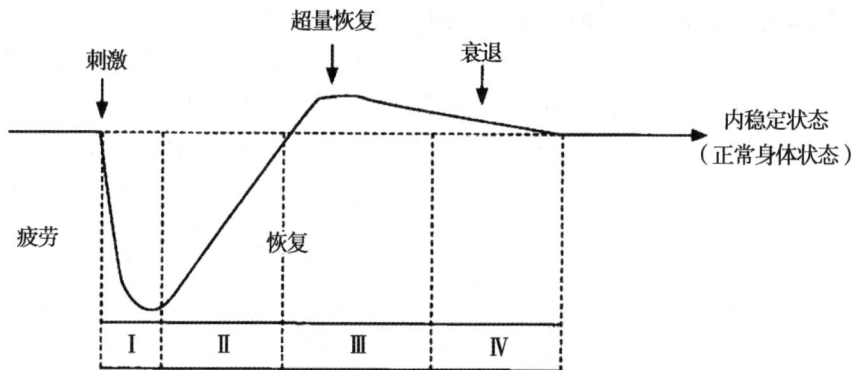

图 2-1　超量恢复周期 [①]

超量恢复的结果是，出现一个新的、更高水平的平衡状态，这个状态会对后面的运动产生积极影响，实现运动效率的提高。超量恢复是身体对训练刺激（负荷）适应和肌肉中糖原储存补给的结果。但若在最终训练阶段没有合理安排训练刺激，或两次训练之间间歇时间不合理，那么之前产生的超量恢复效果就会逐渐衰退，运动能力保持和训练前相同的

---

① 图德·邦帕,格雷戈里·哈夫.周期:运动训练理论与方法[M].李少丹,李艳翎,译.北京:北京体育大学出版社,2011.

水平,甚至不及运动前水平。

2. 超量恢复与运动效果

运动后的一个恢复周期有四个阶段。

(1)第一阶段(持续时间:1~2小时)

训练后身体会感到疲劳。运动性疲劳是通过中枢神经或外周神经产生的。疲劳是一个多层面的现象。

①肌肉神经中枢的活性降低通常与中枢疲劳有关,是机体对训练刺激的反应。

②运动性中枢疲劳会提高大脑血清素的水平,从而导致精神疲劳。精神疲劳的积累又会引起对训练的高度不适和对痛苦的忍受意愿降低。

③运动会削弱神经肌肉传递和神经冲动传播,削弱肌质网对钙离子的处理能力。

运动一旦停止,恢复阶段开始。

在运动停止后3~5分钟里,三磷酸腺苷储量完全恢复,磷酸肌酸在8分钟内完全再合成。但经过非常大强度的运动之后,磷酸肌酸可能需要15分钟才能全部重新合成。

(2)第二阶段(持续时间:24~48小时)

①肌糖原通常在20~24小时内恢复到基础水平。但如果发生了肌肉损伤,肌糖原的恢复时间则会延长。肌糖原的恢复速率受到恢复期间碳水化合物消耗量的影响。

②运动后耗氧量的增加被称为"运动后过量氧耗(EPOC)",这属于正常的运动反应。根据不同的运动形式和强度,EPOC可能在运动停止后24~38小时内仍保持升高。

(3)第三阶段(持续时间:36~72小时)

这个阶段的特点是竞技能力反弹和超量恢复。

①运动后72小时,疼痛感消失,肌肉能力恢复正常水平。

②心理超量恢复开始出现,运动者自信心大增、精力充沛、思维活跃、有面对挫折和运动压力的能力。

③糖原贮备再次充足,恢复运动状态。

(4)第四阶段(持续时间:3~7天)

如果运动者没有在最佳状态时期(超量恢复阶段)受到其他运动刺激,那么上一次运动所获得的效果就会衰退,即在超量恢复阶段获得的生理机能优势将会减退。

然而,最佳的运动刺激之后的恢复阶段,包括超量恢复阶段,大约只需要 24 小时。运动的类型和强度决定了超量恢复的持续期间。例如,在中等强度的有氧耐力运动后,6~8 小时后可发生超量恢复,而高度依靠中枢神经系统的高强度运动要超过 24 小时才能发生超量恢复,有时时间长达 48 小时。

正常执行运动计划的优秀运动者要在未出现超量恢复的情况下进行第二次训练。运动次数越频繁,运动能力的提高就越快。当两次运动之间间隔过长时(图 2-2a),如每周 3 次运动,运动能力的提高幅度就比频繁运动(图 2-2b)中运动能力提高的幅度小。而当运动间歇时间较短时,必须调整每次运动的强度,这样才能使机体的能量供应很好地满足运动需求。

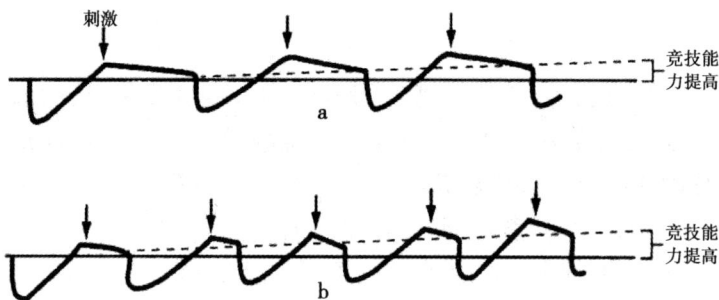

图 2-2　整体运动效果[①]

注:a 运动间歇较长;b 运动间歇较短

在户外运动中要有规律地挑战生理极限,以此来最大程度地挖掘人的适应能力和活动能力,最终提高运动水平。这意味着在运动中要交替进行高强度和低强度运动。如果安排合理运动计划,将会促进恢复,并出现超量恢复的效果。当人体适应了一种运动要求后,将会达到一个新层次的生理平衡,这时就需要一种更高水平的运动刺激来继续适应。当人体适应了这种新的、更高水平的运动要求后,又会开始一个新的超量恢复周期(图 2-3)。

---

① 图德·邦帕,格雷戈里·哈夫.周期:运动训练理论与方法 [M].李少丹,李艳翎,译.北京:北京体育大学出版社,2011.

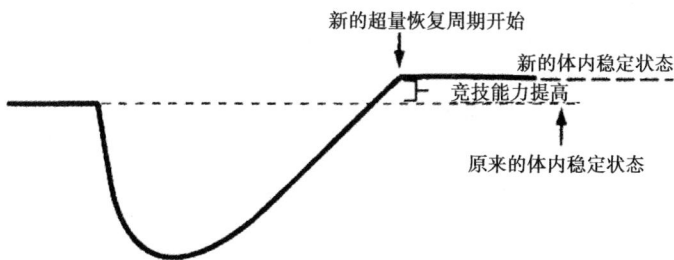

图2-3　新的超量恢复周期的开端 [1]

二、户外运动健身价值的彰显

（一）户外运动对人体神经系统的改善

经常参加户外运动能有效提高运动者的脑细胞的生理功能,使神经细胞的兴奋强度、反应速度、兴奋抑制转换的灵活性及均衡性都得到提高。大量的实践表明,经常参加户外运动能有效地预防神经衰弱。运动使大脑的兴奋与抑制两种功能保持平衡,以防止功能性神经衰弱疾病的发生。经常参加户外运动,可以使人的大脑皮质兴奋性增强。兴奋和抑制更加集中;还可以提高神经过程的灵活性,促进神经系统的良好发育;同时还能有效预防各种疾病的发生。

（二）户外运动对人体呼吸系统的改善

人体参与呼吸的器官,如鼻、喉、气管、肺脏以及支气管等,总称为呼吸系统。其中肺是气体交换的场所,而其他器官都是气体交换的通道（统称呼吸道）。人在安静状态下,每分钟需要 0.25~0.3 升氧气,也就是说此时只需要 1/20 的肺泡参与工作即可。但如果机体长期保持这种状态,呼吸系统就可能发生萎缩,功能降低,容易得病。

户外运动能使运动者在运动的过程中增大其自身对氧的需求量,其表现为呼吸频率加快等。为了适应机体对氧的大量需求,呼吸系统的各个器官逐渐改善自身机能,使更多的肺部组织参与气体交换,从而提高机体的摄氧能力,改善人体呼吸系统机能。

---

① 图德·邦帕,格雷戈里·哈夫.周期:运动训练理论与方法 [M].李少丹,李艳翎,译.北京:北京体育大学出版社,2011.

（三）户外运动对人体血液循环系统的改善

血液循环系统是由心脏和血管组成的，因此也叫心血管系统。首先，血管是供血液流通的通道，遍布人体。血液是运输养料和氧气，排除代谢产物和二氧化碳的载体。其次，心脏是生命的"发动机"，推动血液在血管里不断地流动，以便把氧气和营养物质运送到身体各处，同时把组织、细胞在新陈代谢过程中产生的二氧化碳和废物运送到肺、肾和皮肤等处，排出体外。经常参加户外运动锻炼，能使人体的心血管系统的机能得到明显增强，使血管弹性增加、心肌变得肥厚、心动徐缓和血压降低。

（四）户外运动对人体消化系统的改善

1. 促进食物的消化和营养物质的吸收

胃肠是人体消化食物的主要器官，胃肠消化能力的好坏对身体健康的影响很大。经常参加户外运动，能促使机体消化腺分泌的消化液增多，进而增强消化管道的蠕动，这样胃肠的血液循环就会得到改善。由于发生了这些改变，食物的消化和营养物质的吸收会更加充分和顺利。另外，由于运动者在进行运动时，呼吸会加深，这会导致膈肌大幅度地上下移动，腹肌也会有大量活动，这些都能对胃肠起到一定的按摩作用，有利于增强胃肠的消化功能。

因此，户外运动能增强人的胃肠对食物的消化能力和对营养物质的吸收能力，经常参加户外运动锻炼还能预防和治疗消化不良，对胃肠神经功能症和溃疡等病有一定的预防和治疗效果。

2. 增进肝脏的健康

肝脏是人体的最大腺体和重要的消化腺，经常参加户外运动能使运动者的肝脏机能得到提高，这有利于食物的消化。运动者在参与户外运动的过程中，能源物质——糖的消耗增加，这使得肝脏的"后勤供应"工作加重，从而使其机能受到锻炼并得到发展。

肝脏机能水平的提高能增强机体对疾病的抵抗力。另外，经常参与户外运动的人，在动用肝糖原方面，也比一般人来得经济。由此可见，户外运动能促进肝脏的健康,而健康的肝脏又能提高人的劳动和运动的能力。

第二节　户外运动的健心价值

一、户外运动中的心理学理论

（一）心理定向理论

人在运动前的心理准备状态和运动中的注意指向就是所谓的运动心理定向。在户外运动中,心理定向会在很大程度上影响运动者的行为,从而对运动效果产生影响。户外运动指导人员要以平常心组织和指导户外运动及训练,运动者也要以平常心参与运动、训练和比赛。要将注意力集中在过程上而非结果上。只有过程令人满意,结果才不会太影响人的心情。户外运动及其相关训练中运动者的心理素质、精神、意志、人格往往比结果更受他人的关注。

在竞争和对抗类户外运动中,场上形势无非有三种,分别是势均力敌、敌强我弱、我强敌弱。在对抗过程中,运动者在当前处境下要对过去掌握的知识和技能加以回忆和运用,为后面的结果做最大的努力。可见,在运动过程中要将过去、现在和未来三种时间状态紧紧联系起来。如果人们在竞争中瞻前顾后,心理能量的消耗速度就会加快,这会对最终的结果产生影响。如果运动者总想着输了怎么办,那么他所负担的心理压力就会加大,这会使其对结果的期待变成害怕和担心,从而影响其在竞争中的表现,最终结果也会难以令人满意。

因此,平常心才是户外运动中有利的心理定向。此外,在参与户外运动及其相关训练的过程中要以集体为主,充分发挥自己的体能和技能,表现出良好的心理素质,将注意力集中在过程中,不过多去想最后的结果,这样有利于产生良好的效果并完成挑战。

（二）目标设定理论

户外运动的目标是带有一定强度的,是方向明确的,是从运动者的实际情况出发而制定的,具有针对性和倾向性。在户外运动中要重视目标设定,要设定现实的、具体的、明确的且带有适当难度和挑战性的户外运动目标。

户外运动目标设定得是否恰当、合理,直接关系着运动者的身心能量能否被激发出来,运动者挑战的激情能否被激起,运动者能否充满自信地接受挑战。

(三)归因理论

归因理论主要用来解释个体出于何种原因而产生这样或那样的心理活动。在心理学中,归因理论是一个非常重要的构成要素,而归因理论的构成要素又包括心理活动的归因、行为归因、预测个体未来行为等。归因理论的研究者主张,从个体的外在行为表现出发推测其心理活动,从个体以往的行为表现出发预测其今后在熟悉与不熟悉的情境下分别会做出什么样的行为。归因理论的出发点是外部行为特征,并在此基础上推断和解释与外部行为对应的心理活动,从而了解个体出于什么样的心理而做出这样的行为。这个过程既包括对行为表现的分析,也包括对心理活动的推测,同时还包括对产生该行为的原因的解释。

(四)社会学习理论

社会学习理论是心理学理论重要组成部分之一,该理论强调个体要先从其他社会个体中找到自己的榜样,然后不断学习,使自己的能力逐渐向榜样靠近。可见,社会学习理论的指导性较强,个体可以在科学指导下对榜样的行为、经验进行效仿与学习,在长期学习和不断努力中取得一定的成绩。这充分说明社会学习理论认可这样一个观点,即各种成功的行为都有可能从其他社会个体身上再次发生。

社会学习理论在户外运动中具有重要的理论指导作用。在社会学习理论的科学指导下组织开展户外运动及其相关训练有助于使运动者获得更多的收获,提升运动者的自我效能感。

下面从两个方面来进一步理解社会学习理论的指导性。

1.观察学习

个体学习过程可分为直接经验学习和间接经验学习。直接经验学习是指个体通过具体的实践来获得知识和经验。而间接经验学习大多是通过个体观察和口头传授的方式来获得知识和经验。间接经验学习比直接经验学习更加迅速和便捷,例如观察学习。观察学习是间接经验学习的重要手段之一,也是户外运动中运动者习得技能的重要手段之一。它可以有效提高学习效率,并能够让运动者及时在学习过程中和人际交往中获得有效的知识和经验。观察学习还可以提高运动者注意力的集中度,使其心理和行为都集中在完成学习任务上。在合理目标的指引下,可以培养运动者不畏困难和挫折的坚毅品质,使其在困境中依然保持对学习的清醒认识,继续朝预定目标努力。①

2. 自我效能

在社会学习理论中常常会提到自我效能感这个概念。它不是指个体技能水平的高低,而是指个体对自身技能的主观认识。当个体参与户外运动及其训练,面对具有一定挑战性的任务时,相信自己的能力可以完成任务的这种自信就是自我效能感的体现。自信是人们参与并完成户外运动的基础条件。个体只有对自己有信心,相信自己可以完成任务,达到目标,才能以更加积极、自信的态度参与到运动的整个过程中,最终才有可能顺利完成挑战,实现预期目标。

二、应激与心理能量

（一）应激

应激是由于环境要求与自我能力之间失衡而产生的一种生理和心理反应。当运动者在户外运动训练中感到指导员的要求高于自身能力或比赛对手明显比自己强时,就会以焦虑状态体验到应激的产生。运动者认为训练或比赛的结果越重要,体验到这种应激的感受就越强烈。当运动者感到自身能力大大超过了他们需要达到的结果时,就可能以厌倦状态体验到应激的产生。从图 2-4 可以看出,当人们认为的需求与自我感知到的能力或技能水平之间达到平衡状态时,最有可能出现最佳能量区("流畅状态"),这是运动训练中追求的理想状态。

---

① 李纲,张斌彬,李晓雷.高校户外拓展运动教学与心理拓展实践 [M].郑州:黄河水利出版社,2019.

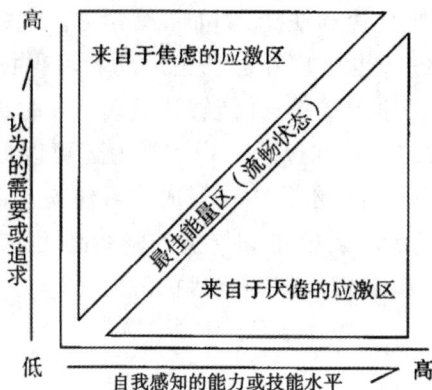

图 2-4 焦虑和厌倦之间的最佳能量区 [1]

(二)心理能量

美国心理学家马丁提出:"心理能量是心理起作用的能力、活力和强度,是以动机为基础的。心理能量既可以是积极的,也可以是消极的。它与成功时的兴奋、高兴,以及失利时的焦虑、生气等不同的情绪反应相联系。"[2] 实践证明,心理能量是心理能力的动力源泉。

(三)应激与心理能量的关系

研究证明,应激与心理能量是两个独立的维度。如图 2-5 所示,A 区反映了高应激与高心理能量之间的典型线性关系,这个区域中的焦虑和气愤的情绪反应也是一种应激状态;B 区反映的是厌倦和疲劳状态,它是一种高应激和低心理能量共存的区域;C 区反映的是放松和瞌睡的状态,此时应激和心理能量都不高;D 区表示心理能量较高,但是应激低。此时,运动员处在兴奋和愉快状态(流畅状态)。

---

① 唐征宇. 运动心理学 [M]. 上海 : 上海教育出版社,2018.
② 杨桦,李宗浩,池建. 运动训练学导论 [M]. 北京 : 北京体育大学出版社,2007.

高的心理能量

| 焦虑
气愤（A区） | 兴奋
愉快（D区） |

高应激
（消极）　　　　　　　　　　　　　　　低应激
（积极）

| 厌倦
疲劳（B区） | 放松
瞌睡（C区） |

低的心理能量

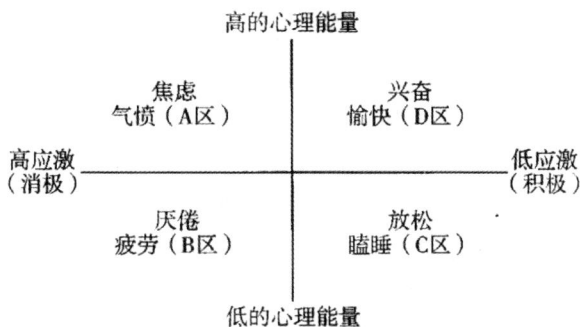

图 2-5　心理能量与应激的关系[①]

心理能量变化的研究中有一个著名的"倒 U 原理"。该原理指出："当心理能量由低向高增加时,操作水平是逐步升高的。当心理能量达到某一点或一定区域时,操作水平是最高的。如果心理能量再进一步增加,操作水平将下降。操作水平很高的区域称为最佳能量区。"[②]

三、户外运动对完善心理和人格的积极作用

(一)培养意志力

户外运动作为一项特殊的体能活动和心理挑战活动,具有培养参与者意志力的作用。在户外运动中,通过设定带有挑战性的目标和任务,可以激发人们的参与兴趣和活动欲望,提升他们对于完成活动的决心,培养其不怕困难、不怕失败的意志品质和顽强毅力。而人们只有身体力行,全身心投入户外运动,才能实现意志力的提升:在疲劳时咬紧牙关,坚持到底;遇到困难时坚韧不拔,持之以恒;失败时不气馁,顽强拼搏;胜利时不骄傲自满,冷静对待。

(二)发展个性

参与各种各样的户外运动时,首先必须学会尊重别人,尊重自己,建立正确的道德观,养成良好的道德风尚。

①　杨桦,李宗浩,池建 . 运动训练学导论 [M].北京:北京体育大学出版社,2007.
②　杨桦,李宗浩,池建 . 运动训练学导论 [M].北京:北京体育大学出版社,2007.

通过组织开展户外运动而培养人自尊自爱、自强不息的精神时,要遵循运动者身心发展的客观规律,从参与主体出发,充分发挥其特长,重视参与的主动性和能动性,挖掘个体潜能,发展个性品质,强调民主合作,从而促进个性发展。

户外运动对个性发展的作用主要体现在以下三个方面。

1. 有助于克服个性缺陷

户外运动及其相关训练需要体力、智力与情感的参与,要求人们有良好的体能与技能。因此,每次参与户外运动训练时运动者都需要接近和突破自己的极限。这一过程使得人们在实践过程中有机会发现自己个性中的优秀部分,找到不足,从而采用有效的方式克服缺点。

2. 有助于形成积极向上的个性

在自我意识的调整下所表现出的积极、主动、自觉的运动需求是户外运动对其参与者个性形成所产生的作用的体现。参与者在长期努力、持久练习、艰苦磨炼中提高自己的身心素质,形成顽强拼搏、努力进取的精神,这对个性的形成与发展具有重要意义。

3. 有助于约束人的个性

每一位户外运动的参与者尤其是集体类项目的参与者,都要不同程度地接受集体的约束、限制、激励和督促,这促使个体适应群体的需要,自觉遵守规则,为集体荣誉而努力。在团队活动中,参与者如果表现优异会得到赞扬和激励,反之会得到教训。

4. 有助于增强人们的情感体验

户外运动可以丰富人们的情感,激励人们以高度的责任感与同伴合作;以执着的追求竭尽全力去实现目标;以约定俗成的道德规范自身行为;以复杂而快速的转移感领略成功的欢欣和失败的痛苦。户外运动带给人们的情感体验复杂多样,满足了人们的多元情感需求。[①]

---

① 周李莉,郭福江,尹亚晶.体育运动训练与健身实践研究 [M].北京:人民日报出版社,2016.

第三节　户外运动的教育价值

一、户外运动的教育价值所在

（一）有助于人们感悟与享受生活

如今，随着经济的发展和社会竞争的加剧，人们的生活压力陡增，此外，社会上的工作以脑力劳动为主，大部分人通常在室内进行工作，引发了一系列"社会文明病"，像心脏病、高血压、糖尿病、肥胖症等。长期工作使人们缺少机会外出与大自然亲密互动，因而现代人对大自然也是知之甚少。

而户外运动为人们打开了一扇门，使人们能够亲近自然，了解自然，释放各方面的压力。适当外出进行户外运动，能够让人的生活张弛有度，生活质量得以提高，生活压力得以缓解，有助于人们感悟与享受生活，在运动健身中感受到户外运动的教育价值与魅力。

（二）有助于家庭和睦、友情浓厚

亲情和友情之所以能够存在和维系，其中一部分原因就是彼此间能互相分享各自的美好，共同面对成长道路上的压力。不论是发展亲情，还是收获友谊，在交流过程中最好的状态就是没有代沟，有共同的兴趣爱好，能够有福同享，有难同当。家人、朋友共同参与户外运动，能够使家庭更加和睦，使友情更加深厚，大家一起释放生活压力，共同分享户外运动带来的快乐。

（三）有利于认识了解神奇的自然界

相比田径、球类等运动，户外运动的参与环境更加特殊。一些体育运动通常对场地要求低，在校园、社区、广场上就可以进行，其运动环境相对处于比较封闭的状态。而户外运动在自然界中进行，参加户外运动的人在进行锻炼的同时还可以领略到大自然的美好风光，这比单纯地进行体育运动收获更大。

二、户外运动教育价值的彰显

(一)发展归属感、自我认识能力以及终身受用的领导能力

积极参加户外活动的人,可以在与大自然的亲密接触中寻找到自身的归属感,进而全方位地对自己生活能力进行认知。通过户外运动,能够进一步观察自然环境。此外,挑战自我、战胜大自然的过程对自身的领导能力也是一种提升。

(二)增强保护自然环境意识

攀岩、登山的爱好者们一直共同遵守 LNT 法则(Leave No Trace 法则),即对环境的最小冲击法则。这一法则要求在野外运动的过程中,不对环境产生冲击、不留下垃圾、不带走自然界的东西。攀登雪山的登山队会在攀登雪山之前举行一个简朴但是很正式的"拜山仪式"来祭拜山神,祈求平安登顶(他们同时也是通过这一特有的仪式来祭奠因为登山不幸遇难的人)。这种仪式不是封建迷信,实则是人们遵循"天人合一"的具体表现,也是登山者对大自然的敬畏的体现。这种仪式一来是祈祷好运,二来是一种文化传承——他们认为因为热爱登山而把自己的生命都留在大自然当中的人是已经和大自然融为一体,达到了"天人合一"的最高境界的人。这也正是登山者明明知道很危险还是要去参加登山活动的原因。他们不分社会地位的高低贵贱,进了山就都是为了同一个梦想而来的山友。在雪山之上,或许登山者能够感受到与旁人不一样的精神体验和生命的领悟。选择用传统的方式去登山也是希望把大自然的原貌留给后人,这是登山文化的精髓——"天人合一"。这些登山者不只要让自己在登山过程中与大自然高度地融合,还要设法保护好自然资源,让其可持续发展,让后世的人继续享用。因此登山者在登山过程中使用"打冰洞"等保护点设置方式进行登山,而不是一路架设人为保护站。

从上述例子可以看出,户外运动在大自然中进行,参与者通过户外运动认识了解神奇的自然界的同时,会潜移默化地受到熏陶,形成热爱大自然,保护自然环境的意识。自然环境受到破坏,那么户外运动的开展就会受到影响,相应也会对户外运动爱好者产生影响,因此户外运动爱好者通常会对自然环境格外珍惜,不断地增强保护自然环境的意识。

（三）提高时间管理能力，提高生活动力

户外运动中，参与者往往会对时间十分敏感，对时间的掌控也会相对精准。参加户外运动能够提高准确把控时间的能力，使参与者的时间管理能力得到提高。在户外运动中进行学习和感悟，会使参与者感受到生活的美好，相应地也会使他们提高自身的知识水平，加强自身的学习能力，增加学习生活、领悟人生的动力。

（四）提升凝聚力，培养良好行为习惯

户外运动是健康文明的新兴活动方式，它是在特定规则的约束下组织与开展的。参与户外运动的人在价值取向上具有共同点，而参与集体户外运动项目的人更是紧密团结、凝聚在一起为集体荣誉和利益而努力拼搏，具有很强的群体意识和集体主义精神。

户外运动中涉及的规则和行为规范都是比较严格的，参与者要遵守规则和纪律，要尊重他人，要有分辨是非黑白的能力。对好的、对的行为要持支持与鼓励的态度，而对坏的、错的行为要予以批评，并以身作则，主动摒弃。可见，户外运动中的规则与纪律对人们的思想和行为起到了一定的约束作用，提升了人们的纪律意识和道德意识，对培养人的人格精神、团结意识以及规范人的行为具有重要意义。

（五）增进交流

户外运动是一种新颖而特殊的体育活动。在人们的生活中有各种各样的交流方式，体育交流就是其中一种。户外运动不但有强身健体、锻炼心理素质的功效，还能帮助参与者与他人进行友好交流，建立友谊。在个体社会参与度的衡量与评价中，社会体育活动的参与度也常常被作为一项重要指标。户外运动对增进交流的作用从下列几方面体现出来。

第一，户外运动要求参与者坚持公平竞争的原则，遵守活动规则和要求。所有参与者都是平等的，参与者既要有自尊，又要尊重别人，以诚待人，建立和维护良好的社会关系。参与者之间的交流与沟通应该是真诚的，是发自内心的。

第二，户外运动可以对参与者的乐观精神、拼搏精神以及社会责任感进行培养。参与者积极参与户外运动后会更加努力拼搏，对自己和他人负责,对最终的结果抱有积极的期待心理。此外,参与者表现出来的良好精神状态能够感染他人,成为别人效仿的榜样,被他人尊重和认可。

第三,户外运动是在一定的规则和制度下展开的,因此在整个过程中严格遵守规则和贯彻制度要求是所有参与者都必须做到的。相关规则和制度对参与者的言行举止及道德人格具有约束和规范的作用,促使参与者言行举止得当,并促进其道德人格的完善,从而有助于促进社会关系的改善,形成融洽的社会氛围,优化社交环境。

(六)提升协作意识

协作是齐心协力、相互配合的意思。在一个集体中,每个成员都要有协作意识,要与他人团结,要最大程度地贡献自己的力量,从而凝聚成巨大的集体力量。在集体类户外运动项目中,良好的协作意识和能力是团体取得成功的关键,是团体项目的精髓。人们要在集体类的实践活动中不断磨炼才能意识到协作的重要性,才能使协作意识在潜移默化中形成。生活、学习及工作中也需要协作,将在户外运动中形成的高度协作意识运用到日常不同情境中对提高学习和工作效率以及提高生活质量具有重要意义,能够使人们的社会适应能力得到有效提升。

团体类户外运动项目本身所具有的优势有助于培养参与者的协作意识和集体主义精神。参与团体类项目时,个人不管多么优秀,都要与团队成员配合,否则凭一己之力难以完成团体任务,而且也失去了参与团体项目的意义。团体成员相互交流、齐心协力、取长补短、默契配合,这是取得团队胜利的关键。只有集体高度协作,才能实现团体效益的最大化。现代社会分工的发展也对个体的协作能力提出了较高的要求,任何一个企业的运作都离不开协作,这也是企业越来越注重组织员工参与户外运动的主要原因:通过户外运动来培养员工的团体意识和协作精神。

(七)增强胜任社会角色的能力

社会结构中的每个个体既享有一定的社会权利,也应履行相应的社会义务,遵守社会规范,履行自己的职责,完成自己的"分内之事"。社会上有各种各样不同的角色,所有角色都要遵守自己所处环境下的特定规范,不同角色所代表的行为期望是有差异的。户外运动为人们适应社会角色、胜任社会角色及在这一角色中发挥自己的力量和做出杰出的贡献提供了重要的机会和条件。

户外运动活动中也涉及复杂的社会关系。人们参与运动,担任不同的角色,遵守体育道德规范和社会道德规范,在各自的角色中发挥自己的体能、智力,完成角色赋予的任务。在团体户外运动拓展项目中,不同角色之间有着密切的联系。各个角色相互协作是实现群体目标的关键。社会角色与社会地位、身份密切相关。个体只有通过主观努力将自己的角色充分演绎好,才能获得社会的认可,才能提高自己的社会地位。

第三章

户外运动科学开展的安全保障体系建设

　　户外运动是在较为复杂的自然环境中进行的,因此在运动过程中会出现一些意外事故。为了尽最大可能地降低户外运动的风险,需要构建一个科学合理的安全保障体系。这一保障体系涉及多方面的内容,如安全保障体系的构建、营养保障、运动损伤保障、医务监督等。本章对这几个方面的内容做重点的分析与研究。

第一节　户外运动之安全保障体系的构建

　　任何一项活动的参与者(包括领导者、组织者、指导者等),都需要有较强的安全意识。安全是户外运动的命脉,本节从构建户外运动安全保障体系的理论依据出发,探讨安全保障体系的基本原则和策略。

一、户外运动安全保障体系的系统构成

　　户外运动安全保障体系主要由五个子系统组成。

　　(一)政策法规子系统

　　政策法规子系统是整个体系的上层指导。它通过政策法规的权威性提高户外运动参与者的安全意识,包括宏观的政策、法律、法规和微

观的行业规章制度。

其中,宏观方面,国家体育总局是我国户外运动的管理机构,要协助相关部门制定户外运动相关政策、法规和制度等。微观方面,户外运动经营机构、相关企业等也有自己的规章制度。这种政策法规子系统从宏观到微观,保证了户外运动参与者、从业人员的安全,确保了户外运动环境场所健康、有序地发展。

(二)教育培训子系统

"观念"是最难改变的,也是影响我国户外运动发展的重要因素。在进行户外运动时参与者需要承担一定的风险,但不等同于盲目参与、将自身和他人的安全置之度外。构建较为完善的教育培训子系统,向大众和专业人士普及户外运动的相关理念,有助于解决户外运动发展过程中存在的许多问题。

教育培训子系统包含普及教育和专业教育两个不同的层次。

其中,普及教育主要通过电视、网络等媒体宣传手段,介绍户外运动安全常识并宣传安全观念,以增强大众的安全防范意识,使大众养成安全参与户外运动的习惯。普及教育还通过将安全知识教育纳入中小学教育之中,对参与者产生潜移默化的影响。专业教育指相关体育部门或户外运动经营者组织的从业人员短期培训,这种培训可以培养专业素质过硬的领队、教练;也指将安全教育引入高校教育系统,通过院校教育培养专业的从业人员的教育。

(三)预警子系统

此系统主要指在安全事故发生前,采用科学的手段构建合理的安全体系,对户外运动中可能出现的安全隐患、安全因素进行预防,为户外运动参与者的运动计划提供安全指导,以防发生安全事故或保证发生安全事故后能及时实施救援的系统。

预警子系统有两个功能:一是提前发出预警信息,避免在进行户外运动的过程中发生意外事故;二是及时发布事故的通报,及时实施救援,避免造成严重的损失,保护参与者的生命、财产安全。预警子系统需要气象部门、体育部门、卫生防疫部门等多个部门间的相互协调。

预警子系统包括两部分,即信息收集部分和信息发布部分。收集的信息包括相关地区的台风暴雨等自然灾害信息、当地治安状况、交通状况等社会信息和一些户外运动场所的特殊情况信息(例如,场所内的事故多发区域、易燃防火区域的分布)等等。信息的发布需要遵守时效性的原则,依靠一定的技术(如卫星技术、全球定位系统技术等)在相应的安全预警平台(如电视、网络平台)上发布相关信息。

(四)安全救助子系统

此系统是户外运动遇险后采取措施的主要系统。目前,我国建立了统一的安全救助系统,发展政府救援与民间救援联动的机制。例如,登山中一旦发生意外事故,登山协会救援部需要肩负主要的救援任务,与公安、医疗机构等部门和一些专业的救援队展开积极配合,进行救援工作,保证人员的生命安全和财产安全。

(五)保险子系统

此系统属于事后赔偿体系,保险公司提供的户外保险能够有效地帮助户外运动参与者、组织者以及救援队降低、转移风险,解决他们的后顾之忧,保证户外运动安全、长久、有序、健康地发展。

五大子系统中:政策法规子系统处于基础地位,以具体政策法规为指导规范其他系统的内容;教育培训子系统和预警子系统是安全保障体系中的核心系统,直接关系户外运动参与者的人身安全;安全救助子系统和保险子系统在整个安全保障体系中,起到支持、保障的作用。五个子系统组成的安全保障体系是一个集政府、社会、公众合力的统一整体,是一个从宏观到微观的多层次体系,是一个以政府为主导,引导社会和广大群众发挥主体作用的安全保障体系。

二、影响户外运动安全的因素

一般来说,主要有四大因素影响户外运动的安全。这四大因素相互作用,相互影响。具体内容如下所述。

(一)活动参与者因素

参与户外运动的人有的缺乏户外活动经验,缺乏专门的户外运动培训,不了解户外运动中的潜在危险;有的参与者甚至隐瞒自身的疾病,在运动过程中不听指挥,私自行动,盲目自信。这些都有可能增加发生安全问题的概率。

（二）技术装备因素

有些户外运动的开展需要相对专业的技术设备,相关经营者必须遵守国家技术标准的相关规定,配备符合要求的技术装备。但目前,一些经营者缺乏对技术装备因素的重视,导致出现技术装备的数量不足、质量不过关、装备不符合具体实际情况、设备频频出现故障等一系列问题。

（三）组织管理因素

通过个人、亲朋好友结伴、公司团建等多种形式开展的户外运动中出现没有专业领队参与,指导人员与参加者之间缺乏沟通交流,教练没有制订完备的运动计划、应急预案等等组织管理混乱的现象。混乱的组织管理会增加发生安全问题的概率。

（四）环境因素

环境因素包括自然环境、社会环境等。自然环境因素包括暴雨、雷电、暴风雪等;社会环境因素包括政治动乱等。

四种因素共同影响着户外运动参与者的人身安全,存在户外运动事故发生的风险,因此,我们需要全面考察运动过程中的各项要素,提高防范意识,争取做到防患于未然。

三、构建户外运动安全保障体系的理论依据

（一）运动疲劳、运动恢复的相关理论

运动者在户外运动中极易出现运动疲劳现象,此现象属于正常现象,但是运动者和指导人员需要采取一定的措施、科学的手段,及时消除运动疲劳。在户外运动安全保障体系的构建过程中,需要掌握运动疲劳、运动恢复的相关理论,掌握消除运动疲劳的基本方法,保证运动者处于正常的身心状态中。

1. 运动疲劳

运动疲劳使得有机体的生理机能不能维持在某一特定水平或身体器官不能维持原有的运动强度。

（1）运动疲劳的分类

①按照不同的运动方式进行分类，可以分为快速疲劳与耐力疲劳。

快速疲劳：短时间内的剧烈运动导致的身体机能下降。

耐力疲劳：长时间且强度较小的运动导致的身体机能下降。

②按照不同的发生部位进行分类，可以分为脑力疲劳和体力疲劳。

脑力疲劳：大脑皮质细胞的工作能力因为受到运动的刺激而产生的下降。运动过程中强烈的不良刺激会对大脑皮质产生长久的损伤。

体力疲劳：高强度的户外运动导致的身体机能的下降，例如，肌肉酸痛、浑身乏力。

③按照身体器官进行划分，可将运动疲劳划分为以下三种。

骨骼肌疲劳：运动引起的骨骼肌机能下降，肌肉酸痛等。

心血管疲劳：由运动引起的心脏、血管系统及其调节机能的下降。如运动后心输出量减少、舒张压升高等都是心血管系统疲劳的症状。[①]

呼吸系统疲劳：剧烈运动引起的呼吸机能下降。常见症状为胸闷、喘不过气等等。

（2）运动疲劳的产生

①能量耗竭学说。该理论认为运动疲劳产生的原因是人体在运动过程中消耗大量的能量，血糖浓度下降，但消耗的能量得不到及时的补充。

②代谢产物堆积学说。该理论认为运动疲劳产生的原因是乳酸、氨等某些代谢产物在肌肉内堆积，却又无法得到消除。

③离子代谢紊乱学说。该理论认为运动疲劳产生的原因是运动时钙、钾、镁等离子代谢紊乱，影响了有机体的运动能力。

④突变理论。该理论认为运动疲劳产生的原因是有机体在运动过程中能量、力量极速消耗，有机体的兴奋性或活动丧失。能量代谢、机体力量、机体兴奋性的共同作用导致了运动疲劳。

---

① 黄巧. 我国运动性疲劳与超量恢复理论沿革研究 [D]. 重庆：西南大学，2012.

2. 运动疲劳的恢复

运动者在参加户外运动中发生运动疲劳现象时，身心健康会受到严重影响。指导人员需要时刻监控运动者在运动中的表现，合理控制运动负荷量，制定科学的生活、营养制度，避免运动者出现过度疲劳。与此同时，指导人员需要了解运动疲劳的发展过程、处理方法，帮助运动者尽快从运动疲劳中恢复。

运动疲劳的处理办法主要包括以下几种。

（1）早期症状及处理办法

运动疲劳早期常表现为：参与运动的积极性不高，不愿意投入活动中，睡眠质量低，食欲下降，头昏脑涨，运动能力有所下降等，少数运动者会出现心烦意乱等不良心理状况。

指导人员应该针对早期症状，采取有效的处理措施。例如，及时调整运动计划、降低运动负荷、变换运动方式等等。通常情况下，经过及时调整，早期运动疲劳几天便可恢复。

（2）后期症状及处理办法

若早期产生运动疲劳时没有采取有效的处理措施，就会向更坏的情形发展。运动者会出现较为严重的症状，例如，失眠、头痛、极易疲劳、出虚汗、体重不断下降、运动能力急剧下降等。更为严重的话，还会出现各器官系统的失调。

当运动者出现上述症状时，户外运动指导人员应该高度重视，及时停止运动或采取恰当的处理。例如，调整运动者的生活制度，采取积极恢复措施，为运动者适度增加营养、睡眠等。在症状严重的情况下，请专业的医生全面了解运动者的病情，进行药物治疗。实践结果表明，若指导人员采取恰当的处理方式，病情较轻的运动者两至三周会痊愈，而病情较重的运动者两至三个月，更甚者半年后会完全恢复到正常状态。

运动疲劳恢复后，运动者的体能还较差，指导人员应该为运动者制订有针对性的训练计划，逐渐加大运动量。

（二）运动伤病、运动伤病处理的相关理论

在户外运动安全保障体系的构建过程中，需要掌握运动伤病、运动伤病处理的相关理论，保证运动者的人身安全。

1.运动伤病

"伤"通常指人体组织受到的损害。"病"通常指有机体身心的不正常状态。"运动伤病"指有机体在运动过程中发生的各种损伤、疾病。运动中发生的肌肉痉挛、骨折、关节脱臼、擦伤、挫伤、骨膜炎、韧带扭伤等属于运动性损伤;运动中人体出现的腹痛、贫血、血尿、蛋白尿、昏厥、中暑及猝死等属于运动性疾病。[①] 运动伤病症状较轻,可能会影响身体健康、锻炼效果,症状较为严重则可能危害生命。在户外运动中,容易出现各种各样的运动伤病,指导人员和运动者应该采取一定的救助手段,以减轻伤病者的痛苦。

(1)运动损伤的类型

为了更好地展开诊治,需要了解运动损伤的具体情况,了解运动损伤的类型。

①按照受损伤的组织结构进行分类,运动损伤可以分为皮肤损伤、关节损伤、内脏器官损伤等等。

②按照受损伤的体征进行分类,运动损伤可以分为开放性损伤和闭合性损伤。常见的开放性损伤有擦伤、刺伤等,有外在伤口,容易受到感染;常见的闭合性损伤有肌肉韧带损伤、关节脱位等,虽然没有外在伤口但是患者往往疼痛难忍。

③按照受损伤的程度进行分类,运动损伤可以分为轻度、中度、重度伤等。一般情况下,轻度伤不会影响有机体的正常活动,运动者还可以进行锻炼;中度伤在受伤后会造成局部活动受限,运动者必须减少受伤部位的活动;重度伤则需要停止任何活动,运动者需积极接受治疗。

④按照受损伤的病程进行分类,运动损伤可以分为急性损伤和慢性损伤。急性损伤通常指人体在瞬间遭受暴力,立刻出现异常症状;慢性损伤通常指由于损伤累积而造成的劳损或陈旧性伤病。

(2)运动疾病的类型

运动疾病指因剧烈运动引起的机体不适。运动疾病有多种类型。

①按照病况进行分类,运动疾病可以分为循环系统疾病、呼吸系统疾病、消化系统疾病、泌尿系统疾病、造血系统疾病。

---

① 王海源.常见运动伤病的救治与处置[J].连云港师范高等专科学校学报,2016,33(2):85-89.

②按照病因进行分类,运动疾病可以分为运动性中暑、运动性冻伤、溺水等等。

③按照病势进行分类,运动疾病可以分为慢性病和急性病。常见的慢性病有运动性贫血、过度疲劳等等,常见的急性病有运动性昏厥、运动性猝死等等。

2.运动伤病的处理

通常情况下,运动伤病的发生毫无预兆。因此,运动伤病的处理应具有"临时急救"的特点,以快速、紧急处理伤情为主。若采取的救治方式不当或救治不及时,极有可能对伤病者造成严重的伤害。为减少运动伤病的不当处理,户外运动参与者需要了解基本的救治操作和救治常识,以便在危急时刻实施正确的自救或互救。

(1)闭合性损伤及其处理。闭合性损伤常常发生在关节部位,一般由钝力造成,无体表皮肤、黏膜的破裂。患者的受伤部位通常会出现局部肿胀、功能障碍,按压时有明显的痛感。户外运动中常见闭合性软组织损伤,例如,因失手造成的肌肉拉伤、挫伤、脱臼等。

若发生了闭合性损伤,可做如下处理。

制动。有机体立刻停止运动并限制受伤部位的活动范围,认真诊断损伤部位,明确受伤程度。绝对不能采取热敷、按摩等手段,增加炎症反应,减缓愈合过程。

冷敷。受伤后,可在48小时之内进行冷敷,以降低组织温度、促进血管收缩,减轻疼痛,防止受伤部位发炎或肿胀。

包扎。用纱布或绷带将受伤部位包住。包扎这一步骤非常重要,不仅可以对受伤肌肉、韧带、骨骼起到一定的支撑作用,还可以防止出血、淤血,防止再度受伤,伤情恶化。

抬高伤肢。受伤者的受伤部位需要被抬高至心脏以上,以起到消肿的目的。

(2)开放性损伤及其处理。开放性损伤通常在损伤部位有明显的伤口,处理不当,极易造成感染。擦伤、割伤、刺伤、裂伤等在户外运动中十分常见。擦伤是指皮肤被粗糙物擦破,表皮破损,伤口有擦痕、血点,有组织液渗出;割伤是由锋利的器物所割破,伤口有不同程度的出血现象;刺伤是由尖锐物体刺入身体所致,伤口小而深,极易发生伤口感染化脓;裂伤主要因钝器打击所致,伤口参差不齐、组织破坏缺损、有不同程度出血,故伤口容易发生感染。[①]

若发生了开放性损伤,可做如下处理。

①止血,即防止受伤部位大量出血。常见的止血方法有以下几种。

加压包扎法。此方法用于小伤,需要先清洗伤口,再用绷带进行加压包扎。

指压止血法。此方法分为直接和间接两种:直接指压法指用手指直接接触伤口,压住出血部位的止血法,这种方法容易使患者受到感染;间接指压法指用手指压住出血动脉附近的血管以阻断血流的止血法。

鼻血止血法。用药棉塞住伤者的鼻孔以止血或令伤者平躺,将冷毛巾敷在伤者的前额、鼻部。

②包扎。此方法作为运动损伤中常用的处理方法,具有保护伤口、止血、减轻疼痛等作用。常见的包扎方法有以下两种。

绷带包扎法,即用绷带、纱布等对伤部进行缠绕,限制受伤肢体的活动范围。常见环形包扎法、8字形包扎法等。

三角巾包扎法,即用三角巾对伤部进行缠包。三角巾包扎法可用于头部、面部、胸部等诸多人体部位。

(三)风险管理

具体来说,风险管理包括风险识别、风险量化、风险评价等一系列的风险分析活动,通过这些活动可以实现对风险的规划、控制,提升应对不同危险的能力,最终实现项目总目标。

构建户外运动安全保障体系的目的是消除风险,对户外运动各个环节的风险进行识别和评价有利于做到这一点。在体系的构建过程中,通过制定相关规章制度、规范户外运动从业者培养的系统性、建设标准化基地等多种方式,可以对风险加以控制,最终做到保障运动者的安全。

---

① 王海源.常见运动伤病的救治与处置[J].连云港师范高等专科学校学报, 2016,33(2):85-89.

四、构建户外运动安全保障体系的基本原则

我国的户外运动安全保障体系是指通过提供一系列的措施和机制，确保我国户外运动中各相关主体（主要指户外运动的参与者、组织者，具体来说包括户外运动爱好者、户外俱乐部、社会团体、户外从业人员等）的安全，使其免受不可接受的损害或尽量减少其损失的体系。[①] 构建户外运动安全保障体系需要遵循一些基本原则，因为只有这样，才能保证整个体系的科学性、有效性。

（一）系统性原则

户外运动安全保障体系是多个子系统相互联系所构成的统一整体，体系中各种要素相互制约，相互联系，十分复杂。因此，构建体系时，需要遵循系统性原则。

户外运动安全保障体系需要涵盖与安全相关的方方面面的内容，将体系中各子系统根据目的性、层次性、相关性、整体性的原则加以组合，确保各子系统之间的相互制约。

（二）全面性原则

安全问题包括多个层面，安全保障体系是一个多层次、多角度的立体结构，构建户外运动的安全保障体系应该遵循全面性原则，从安全性层次出发，对户外运动过程中可能出现的安全问题进行详细的分析，避免遗漏可能出现的安全隐患，全面考虑各种安全因素。

（三）可控性原则

构建安全保障体系不应该仅仅停留在理论层面，更重要的是，要遵循可控性原则，发挥实践的可控作用。五大子系统应该在科学合理的安全规范指导下，保证整个安全保障体系的可控性，有效地管理安全环境、安全设备和安全技术。

---

① 王晶.论我国户外运动的安全保障体系的构建[D].北京：北京体育大学，2017.

（四）有效性原则

构建较为完备的户外运动安全保障体系需要遵循有效性原则，将有效性作为出发点和落脚点，不断总结构建过程中出现的问题，时刻反思、时刻检讨，不断深化、细化安全保障体系。

要坚持有效性原则就需要把握好户外运动的主要问题、主要矛盾，处理体系中经常出现的重点问题，解决各种安全隐患，关注安全保障体系的实际效果。建设者在实际的构建过程中要善于把握事物的本质，有效解决重点、难点问题，并解决一般性问题。

（五）动态性原则

构建户外运动安全保障体系需要遵循动态性原则，不断检验、积极调整内部因子，保证整个系统的动态平衡。

五、构建户外运动安全保障体系的策略

构建户外运动安全保障体系需要掌握一定的策略，做到具备"高度的安全意识、可行性强的风险评估体系、规范的行业管理体系、完善的法律法规体系、一体化的监督体系、完备的教练保障体系、规范的基地建设体系、现代化的后勤保障体系、全方位的应急保障体系、健全的保险机制"等等，正确看待各项目的特点及安全风险，不断消除安全隐患。

（一）提升运动者的安全意识

安全意识是保证户外运动安全实施的最为重要的内容，运动者要么有安全意识，要么没有安全意识，这中间没有过渡区域。只有运动者首先具备安全意识，才有必要采取一定的手段保证人员在户外运动中的人身安全，没有安全意识，构建户外运动安全保障体系根本无从谈起，也缺乏必要。

1.提升运动前的安全意识

（1）在开展户外运动前，运动者准确填报自己的姓名、身份证号、既往病史等相关信息。

（2）确认自己已购买保险，如意外伤害险或医疗保险等等。

（3）在随身携带的物品衣物中，清空不必要的物品。

（4）携带药箱，配备常规药品。

2. 提升运动过程中的安全意识

户外运动中的安全指运动者在参与活动的过程中，身处的环境受到保护，人的身心状况处于正常状态。运动者应该在"大安全观"的指导下，接受安全教育。运动过程中不仅需要有身体上的安全保障，还需要有其他诸多方面的安全保障。

（1）身体安全：保护身体免受伤害。

（2）心理安全：心理承受压力处于可接受的范围。

（3）行为安全：不做违反道德、法律规范的事情。

（4）器械安全：器械、项目道具符合具体的标准。

（5）环境安全：具有环保意识和习惯。

（二）构建可行性强的风险评估体系

开展户外运动前，需要对运动过程中的各安全环节进行风险评估，对可能出现的安全隐患或安全保证体系中的薄弱环节做到心中有数。

1. 风险评估体系中的有效工具

以户外运动训练为例，户外运动训练风险评估表可对户外运动过程中可能出现的风险进行评估，具有一定的可行性。调查人员请具备一定资历的相关专家对户外运动训练风险评估表进行可行性分析，具体情况如表 3-1 所示。

表 3-1　有关专家对户外运动训练风险评估表的可行性评价

	非常可行	比较可行	一般	不可行	很不可行
专家人数	12	7	1	0	0
百分比 /%	60.0	35.0	5.0	0	0

调查结果表明，没有专家认为户外运动训练风险评估表"不可行"或"很不可行"，有资历的专家普遍认为此风险评估工具实用、有效，能够在一定程度上排除安全隐患。

通常户外运动训练风险评估表涉及包括教练、培训基地、保护装备、项目安排、应急预案、交通安排情况在内的六大内容。每项内容都有具体的评估标准,以便对户外运动训练风险进行较为准确的评估。例如,针对保护装备有使用时间、使用频率、保养频率等多项具体的评估标准。通常,使用时间为 1 年被认为"非常安全";使用时间为 2 年被认为"安全";使用时间为 3 年被认为"一般安全";使用时间为 4 年被认为"不安全";使用时间为 5 年被认为"非常不安全"。因此,相关机构场地需要定期检查、更换保护设备,降低安全风险。

2. 风险评估体系中针对安全隐患提出的解决方案

同样以户外运动训练为例,户外运动经营方需要召集相关人员(如培训总监、销售、培训主管、后勤、教练等)在活动开展之前,基于户外运动训练风险评估表中的相关内容、具体事项进行现场评估,重点解决和处理评估中出现的"不安全""非常不安全"的问题,彻底扼杀安全隐患,并提出具体的解决方案(表 3-2)。

表 3-2　户外运动训练安全隐患解决方案实例[①]

	出现问题	解决方案
培训教练	无责任心、不专业、有事故记录	方案一:更换教练;方案二:培训监督、重点关注
培训基地	使用年限超过 5 年、维护不到位、设施不标准	方案一:更换基地;方案二:对安全不达标设备进行重点检查
保护装备	使用年限超过 3 年、勒痕明显、丝扣不紧	方案一:更换设备;方案二:对设备进行重点检查
项目安排	危险、高强度训练项目偏多	对安全风险较大的项目进行重点关注
应急预案	不专业、不细致	根据具体情况完善应急预案
交通安排	车况不好,司机不专业	更换车辆、司机,备勤跟车

(三)构建规范的行业管理体系

1. 成立职责明晰的专门管理机构

管理机构具有一定的管理职能和话语权,能够在一定程度上规范市场行为,促进户外运动安全保障体系的建设。

---

① 张伟.拓展训练安全保障体系构建研究 [D].北京:北京体育大学,2013.

户外运动场地的建立与审批、维护与检查、事故的救援等各项事务均离不开管理部门的组织与管理,为了户外运动全面、协调、可持续发展,建议成立专门的管理机构。

2. 建立长效管理机制

户外运动安全保障体系的构建、规范的行业管理体系的形成并非一日之功,也不能够短期见效。成立职责明晰的管理部门是户外运动管理行业的基础,更为重要的则是建立长效的管理机制。

管理部门要想发挥管理效能,必须具备有效的管理机制,根据户外运动的行业特点,制定有针对性的管理措施、规章制度。除此之外,应建立强有力的运行机制保障行业的有序发展,建立约束机制保证行业的规范发展,建立动力机制确保行业的快速发展。三种机制相互促进、相辅相成,能够在一定程度上避免行业中不正当竞争、不规范操作导致的整个行业的不健康、不协调的发展。只有建立长效的管理机制才能够帮助户外运动这一蓬勃发展的行业走上有序和快速发展的道路,减少安全事故的发生。

(四)构建完善的法律法规体系

自从我国引入户外运动之后,户外运动有了爆发式的发展。但在发展中出现了诸多问题,最引人关注的是安全问题。户外运动受各种客观因素的影响有时会发生安全事故。例如,在济南黄河共青森林公园发生的攀岩墙坍塌事故,造成了 5 死 5 伤的悲剧。因此,我国必须建立完善的法律法规体系,对户外运动行业加以规范。

立法是规范一个行业最有效的方式,任何一个行业的发展都需要遵守国家的法律规定。相关部门应该出台有关法律法规,规范户外运动市场,保障户外运动指导人员、运动者等的人身安全,减少大众的顾虑。目前,国家在《刑法》《消费者权益保护法》《治安管理处罚条例》等多项法律法规中均有相应条文针对群体性活动(包括户外运动),但是户外运动行业具有特殊性,而目前没有专门针对户外运动具体环节的规定。

综上所述,有必要制定具体且有针对性的法律法规规范户外运动市场。有关部门需要以法律法规等为依据,确定户外运动行业规范,在户外运动行业准入标准、指导人员的培训与管理、装备使用、场地的建设与维护、应急救援等诸多方面制定较为严格的标准,明确具体的处罚措施,严厉打击违法违规行为。例如,规范户外运动指导人员的考核认证、注册,帮助培养出更为专业的指导人员,将考核不合格的人员排除在指导人员队伍之外,减少安全隐患。

只有构建了相对完善的法律法规制度体系,才能使户外运动中的众多监督人员、从业人员、参与人员做到有法可依、有法必依,使户外运动在我国繁荣发展。

(五)构建一体化监督体系

在户外运动中,着力构建全方位、一体化的监督体系,有助于完善安全保障体系,提升户外运动的安全系数。

监督体系要做到"信息公开",将政府监督、市场监督、社会监督、媒体监督有效地结合在一起,形成一体化监督模式,争取每一个环节都能监督到位,保证整个监督体系不留死角。在政府监督、市场监督、社会监督、媒体监督中,政府监督起着关键性的作用,它明确了行业底线,具有较强的威慑性。有关部门需要明确领导地位,积极协调组织,做好宣传工作,充分调动广大人民群众的积极性,建立行之有效的奖惩机制,对于主动举报和曝光户外运动行业中违法违规行为和户外运动事故的个人和媒体进行奖励,加大对于违法违规的经营者的处罚力度,吊销因违法违规造成重大事故的公司的营业执照,并随时将经营者的违法违规行为和出现的事故通过"户外运动网"等网站加以公布,做到信息公开化,透明化,以利于广大体育爱好者上网查询并选择安全等级高的经营公司。[1]

(六)构建完备的指导人员保障体系

户外运动指导人员与运动者的安全直接相关,如果指导人员的专业知识、专业技能不过关,态度敷衍,做事粗心大意,那么运动者的安全就会受到极大的威胁。但现阶段户外运动的指导人员培训市场存在不少问题,培训教材、培训时间都没有统一的规定。在很多情况下,指导人员仅仅接受过短期简单培训,甚至没有跟队的实习经历,就开始尝试独立带队。甚至有些指导人员没有参加过任何专业的培训,仅作为参与者

---

① 张伟.拓展训练安全保障体系构建研究 [D].北京:北京体育大学,2013.

接触过户外运动的培训领域,就自以为是地在一些机构中担任指导人员。没有接受过专业培训、没有专业认证的指导人员,会做出不规范的操作,并且不能凭借自身的专业能力及时发现运动过程中的安全隐患,从而导致安全事故的发生。

由此可见,户外运动安全保障体系的构建离不开规范指导人员培养体系,需要形成包括培训、考核、注册、等级升降等内容在内的规范体系。有关部门可以鼓励组织多家较有影响力的户外运动公司组建行业协会,邀请行业专家进行研究讨论,制定统一的指导人员培训、考核、注册、等级升降机制,通过建立此机制提升指导人员独立组织开展户外运动的门槛。与此同时,可以对社会上的户外运动机构、单位开展宣传活动,定期审核指导人员的从业资格,保证高水平的指导人员队伍。要加强对户外运动运营机构的管理,若运营机构聘请不具备相关从业资格的指导人员,要严格根据有关规定对其进行处罚。

指导人员培养认证体系对指导人员培训、考核、注册、级别升降各个环节都要做出具体的规定。

(1)针对指导人员培训环节,需要选择统一的培训教材、培训内容,明确统一的培训时长、培训目标。

(2)针对指导人员考核环节,需要制定统一的考核流程、考核内容、考核标准,并由指定单位向最终通过考核的指导人员颁发证书。

(3)针对指导人员注册环节,考核合格的指导人员需要在指定的注册平台、查询系统上提交材料,相关管理部门对材料进行认真审核,对符合标准的指导人员进行报批,予以注册。

(4)针对级别升降环节,需要管理机构首先制定明确的指导人员升降标准。对于降级,要向指导人员所在地区有关机构进行核实,若信息无误,符合降级规定,执行降级决定并发布有关信息;对于升级,要指导人员提出晋升申请,提交相关资料,管理机构对相关资料进行审核,若符合晋升标准,予以晋升、换证,并及时发布信息。

只有做到以上几点,才能从根本上保证指导人员的质量,降低由指导人员引发的安全隐患。

（七）构建规范的场地建设体系

户外运动行业快速发展,吸金能力日渐提升,短短几年,在全国范围内,建立了许多户外运动场地。但许多场地的建设并不规范,不符合国家标准,存在一定的安全隐患。以北京众多场地为例,有关专家对北京场地进行了细致的观察、比较,最终得出结论:北京的户外运动场地建设存在着一些不合理的地方。具体表现在以下几个方面。

（1）户外运动设施的高度不符合规定,有些相同项目设施的高度并不一致。

（2）户外运动架的钢管直径不一,有大有小。用于保护参与者人身安全的钢缆有粗有细。

（3）不同场地高空拓展架的设计不同,五花八门。

以上现象明显暴露了户外运动场地存在的诸多问题。

（1）户外运动场地建设所采用的材料和具体的建设规格,缺乏统一的标准。

（2）我国在户外运动场地规范的建设方面尚未建立起有效的管理机制。

户外运动场地的规范化管理对于确保户外运动的安全非常重要,是构建户外运动安全保障体系中不可缺少的重要内容。

构建规范的场地建设体系,需要从场地审批、场地建设、场地维护、场地检查四大环节入手。

（1）针对场地审批环节,需要充分考虑申建地址的自然环境、地理结构,对场地选址进行可行性分析。深入了解当地户外运动的发展情况,考察承建单位的技术实力和经济实力,看其是否有充足的资金投入。仔细审核施工单位的资质,考察施工单位之前建设设施的质量。在此环节中,要做到严格审批标准,规范审批流程。

（2）针对场地建设环节,需要报批设计方案,明确建设标准,检查施工材料,对整个工程做好监理工作。

（3）针对场地维护环节,需要制定明确的标准,对维护频率、维护质量提出具体的要求。

（4）针对场地检查环节,需要全面考察场地建设、场地维护、场地使用和场地管理问题。

（八）构建后勤保障体系

户外运动安全保障体系的构建离不开后勤保障体系。后勤保障工作在很大程度上影响着运动者的健康与安全,影响着户外运动的成败。

到目前为止,出现过多起因后勤保障不到位造成的安全事故。例如,有运动者在结束当天的活动返回宿舍休息时,被房间内坠落的风扇砸伤。有运动者在篝火晚会期间食物中毒。更常见的安全事故出现在交通方面,如由司机一时疏忽或糟糕的路况引发的较为严重的交通事故。

通常情况下,集体户外运动,会有专门的后勤主管统一负责后勤保障的相关事宜。后勤主管的工作职责涉及检查装备器材、安排交通、住宿、餐饮等多项内容。

(1)装备方面,开展户外运动之前,要仔细检查装备,清点装备的数量,保证各项目装备的安全性。

(2)在交通方面,要考察车辆的状况、司机的个人情况,对司机进行把关,与司机沟通确保其知悉行进路线,并签订相关协议。

(3)在餐饮方面,要考察餐厅的卫生情况、食材情况,与餐厅负责人签订餐饮协议,保障户外运动参与者的饮食安全。

(4)在住宿方面,要考察宾馆的条件,注意宾馆防火、防盗等,与宾馆负责人签订住宿协议,约束其行为。

这其中每一环节都与运动者的安全息息相关,在户外运动的全程,相关负责人需要做好后勤保障工作,服务好户外运动参与者,在装备、交通、餐饮、住宿等多方面提供安全保障。

(九)构建全方位的应急保障体系

全方位的、健全的应急保障体系对于保障户外运动参与者的安全非常重要。全方位应急保障体系的建构需要有关机构、医院、经营者的通力合作。

(1)有关机构需要在开展户外运动之前,详细了解户外运动场地附近的医院(包括村镇医院、区级以上医院等),并与医院取得联系,掌握医院的具体位置、急诊室电话等信息。

(2)组织户外运动的主管在开展户外运动之前需要提交书面《应急保障预案》。应急保障实行主管负责制,提前设计的应急保障预案能够帮助有关部门有条不紊地应对运动过程中出现的突发状况,对伤者展开及时、有效的救助。在此预案中,需要结合场地环境、具体的天气状况、参训人员等一系列现实情况,详细预测可能出现的突发状况,并在预测的基础上提出较为完备的解决方案。

(3)后勤保障人员、指导人员需要详细了解主管提出的应急保障预案的内容,保存主管的联系方式,以便在遇到突发状况时及时联系到主管。

（4）所有运动者需要自行携带应急药箱，备足药品（如治疗感冒发烧、中暑的药品）以及酒精、绷带等。

（5）应急保障负责人需要时刻待在运动现场，在户外运动场地内不停地巡视，确保应急救援车辆始终停放在现场，以便随时应对突发事件。若不幸遇到突发状况，负责人要根据现场的具体情况，迅速考量事件的严重性，采取及时有效的应对措施。对于能自行处理的受伤、生病的运动者，可以利用事先准备好的应急药箱施救或尽快将其送往医院救治。对于伤情较为严重、无法自行处理的伤员，需先与最近医院的专业医生取得联系，实施救治，再联系具有一定规模的、医疗条件相对较好的医院，请求其派出急救车辆，救治伤情严重的运动者。

（十）构建健全的保险机制

目前，我国户外运动行业中还存在着许多操作不规范的人，许多不合格的、维护不到位的场地，超负荷使用的保护装备等等。即使有相应的规章制度，也不能完全保证运动者的人身安全。因此，有必要为所有参与户外运动的人员购买保险。健全的保险机制是人员安全的最后一道保障。

如今在户外运动行业中，有关机构为运动者购买保险的意识不强，鲜有机构主动为运动者购买保险。这不仅对运动者不利，当真的发生安全事故时，也对机构不利，机构面临着承担巨额赔偿的风险。与此同时，保险公司缺乏对整个户外运动行业的了解，尚未推出有针对性的保险产品，而是用旅游意外险敷衍众多组织户外运动的机构及运动者。旅游意外险有关协议中制定了许多不利于理赔的条例，且发生意外事故后，理赔金额低、理赔程序复杂。种种不利条件使得许多户外运动机构丧失了购买保险的热情和信心。但出于对运动者安全负责、对公司利益负责的态度，广大户外运动机构仍然有义务为运动者购买保险。

任何人都不想在户外运动中遭遇安全事故，然而，偶然性与必然性相伴而生，二者密不可分。即使安全保障措施做到完美，仍旧无法消除偶然性事故的发生，做到百分之百的安全。正是出于此原因，人们需要购买保险，预防自身遭遇不幸。户外运动更是集诸多偶然性因素于一身，因此购买保险十分必要，所有参与者一定要在参与户外运动前购买保险。

第二节　科学营养保障

　　无论是职业运动员还是普通人,无论是在运动训练中还是在日常生活中都需要有各种营养素的摄入,才能满足机体的需求。人们在参加户外运动时,一定要注意营养摄取的全面性,不全面的营养摄入会影响身体的健康,不利于运动的顺利进行。

　　在参加户外运动时,人体需要水、糖类、脂肪、蛋白质、矿物质、维生素等营养素来满足机体运动的需要。

一、户外运动与营养消耗

　　在户外运动中,环境的变化常常会对营养消耗产生明显的影响。比如在高原、寒冷和炎热的环境中参加同一运动,运动者的机体代谢和功能反应会呈现不同的特点。因此,在特殊环境下的运动,除了遵循一般原则之外,还应该考虑特殊环境给人体带来的影响,要具体情况具体分析。

（一）高原环境

　　在高原上,温度低,体感寒冷,空气较干燥,日照时间长,日夜温差大,这些都可能对人体产生各种不良影响。其中对人体影响最大的是低压环境带来的低氧条件,其对户外运动这种高强度运动项目的影响也是比较大的。低压低氧的刺激,会给人体的生理功能及运动能力带来一系列非常明显的变化。由于海拔高气温低,运动者身体散热增多,这本身就会增加能耗。另外,低氧条件下在激烈运动状态的运动者一直处于应激状态,这导致糖贮备减少,血糖水平下降,为了补充能量,蛋白质和脂肪的代谢同时加强。这一系列的能量变化,意味着除了在正常情况下的基础代谢和运动消耗以外还要增加 7% ~25% 的能耗。为了补充充足的能量,运动者在平时的饮食中应选择低脂和高碳水物的组合,这样才能确保机体充足的能量供应。

（二）寒冷环境

在寒冷的环境下，人体热能消耗通常都比较大，身体对糖的消耗明显增加。运动者膳食中热源物质的量应有所提高，可适当增加肉、蛋、奶类，以保持能量平衡。这就意味着运动者对维生素 C、维生素 B 族、维生素 E 等的消耗和需求也随之增加。有研究显示，对维生素 C 的需求增加 30%~50%，对维生素 B_2 的需求增加 2~4 毫克，对维生素 E 的需求增加 50 毫克。

（三）炎热环境

在炎热的环境中，由于周围温度高，运动者的热能代谢率会提高，排汗量更是大幅增加，体内的微量元素如钾、钠等和维生素都会不同程度地快速流失。同时，高温环境令运动者的摄食中枢兴奋度降低，唾液、胃液及胰液等消化液的分泌量减少，也就是食欲降低，这可能会影响运动者的进食和营养摄取。这时候运动者饮食趋向以清淡可口、容易消化的食物为主。为了在一定程度上促进中枢神经的兴奋，冷饮、蔬菜汤、绿豆汤等等是首选。

在炎热的环境中，运动者的食欲会出现一定的下降，但是营养流失却并未减少，运动者仍然需要大量的能量供给，特别是糖类、蛋白质类、维生素和矿物质等。除此之外，在炎热环境中参加户外运动，排汗量更大，一般运动者的排汗量会比常规环境下运动的排汗多 1/3~1/2。伴随的现象是体重的明显减轻，在这样的情况下就需要补充大量的水分，以维持机体所需。

二、户外运动与营养补充

（一）营养补充的意义

在户外运动的过程中，进行营养补充，满足机体对各种营养素的需求是十分重要的。一般来说，营养补充具有以下几个方面的意义。

1. 增强运动能力

（1）缓解疲劳状况

长时间进行户外运动时，运动者的身体难免会出现一定的疲劳现象,导致这一现象的主要原因在于水、无机盐以及矿物质等各种营养素的流失,因此及时进行营养素的补充是尤为重要的。通过补充各种营养素,人体疲劳状况才能得到缓解,运动者才能更好地参加体育运动,进而提高运动的效果和质量。

（2）加速恢复体能

长时间的运动后,人体会消耗大量的能量,在这样的情况下进行营养物质的补充,人体中的有机物质可以快速合成,满足身体需要,恢复体能。在体能得到恢复后,运动机体才能参与正常的活动。

（3）防止运动损伤,储备后续能量

运动者长时间参加户外运动,机体会消耗大量的能量,如果不及时补充就不利于运动的顺利进行,甚至还会导致运动损伤,影响人体健康。另外,营养的补充,还能为接下来的活动储备必要的能量,保证户外运动的顺利进行。

（4）提高身体免疫能力

参加长时间的户外运动后,人的机体会消耗大量的营养物质,长期如此,人体的免疫力就会大大降低,如果不及时地补充营养物质,机体的内分泌和免疫系统等就会受到极大的破坏。因此,及时补充营养是十分重要的。

2. 补充营养损失

一般来说,户外运动的时间都比较长,运动强度也不小。在这样的情况下,人体的新陈代谢速度会加快,营养物质也会被消耗殆尽,如果营养补充不及时就容易导致运动损伤。

在补充营养物质的过程中,运动者切忌盲目,要科学补充。在各种营养素中,维生素的补充至关重要。维生素的供应量要维持在合理的范围内,既不能过量也不能过少,如此才能保证机体正常水平,为户外运动的顺利进行提供良好的保障。

（二）各类营养素的补充

1. 糖的补充

人们无论参加何种活动,都需要保障糖的补充。通过一定的营养策略增加肌糖原的储备是延缓运动性疲劳、维持运动能力的最直接有效的手段。如果在训练过程中及时地补充糖,就可以为机体提供额外的能量来源,增强运动技能、延迟疲劳感的出现,甚至还可以有效预防和改善不良的情绪状态。但是注意要根据运动者的体重、活跃肌肉的体积、运动负荷来确定具体的摄入量,同时运动者的总体饮食目标和运动反馈也是重要的参考依据。一般而言,进行中等强度的运动时,运动者每天糖的摄入量按每千克体重需要 5~7 克糖来计算;如果是高强度的运动,每天糖摄入量应增加到 6~10 克 / 千克(体重);如果进行的是超强度运动,例如每天都保持 4~5 小时的高强度运动,那么每日的糖摄入量为 8~12 克 / 千克(体重)。

户外运动会消耗人体大量的能量,为保持机体最佳状态,可以在训练前每天通过摄入 8~12 克 / 千克(体重)糖来最大程度地提高内源性糖原储备。为了保持良好的运动状态,在运动中可以每 10~15 分钟就补充一次含 6% ~8% 碳水化合物的电解质溶液,这样能有效延缓运动疲劳的出现,保证机体以良好的状态投入到运动之中。

在户外运动后,糖原一般已经被大量运动所耗竭,如要想快速恢复,可在运动后每小时摄入 1.2 克 / 千克(体重)的碳水化合物。

2. 蛋白质的补充

时间长且强度大的运动会造成肌细胞损伤和蛋白质的分解,因此,需要在运动间歇及运动后及时对它们进行修复和更新。这时需要适量地补充蛋白质,修复损伤及增加肌肉蛋白合成,同时促进糖原恢复、减少肌肉酸痛。

但并不是蛋白质摄入越多越好,摄入过多的蛋白质易导致内环境酸化,加重肝脏与肾脏的负担,引起疲劳感。应根据运动者运动量、运动强度、年龄、总能量摄入确定具体的蛋白质补充量,但是注意要保证补充的都是优质蛋白,且建议主餐至少摄入 20~25 克的蛋白质。

蛋白质的吸收与合成利用,受时间因素的影响。一般来说,在运动后 3 小时内肌蛋白的合成达到峰值。在运动后,除了补充糖之外,也应该及时补充蛋白质。此外,睡前饮用蛋白质饮料,可以提高夜间肌肉蛋白合成和修复的速度,改善肌肉力量和质量。

3. 脂肪的补充

脂肪的有效供能可以节约运动中机体糖原的消耗,从而起到增强体能、延缓运动疲劳出现的作用。其中最效果显著的有 $\Omega-3$ 脂肪酸,它对改善心脏功能、耐力以及延缓肌肉酸痛等均有一定的效果。但是同时应该注意控制脂肪的摄入量,过多的脂肪会增加代谢氧耗,增加体脂和体重,降低肌肉做功能力,从而影响运动能力。

4. 水分的补充

一般情况下,人体在运动中的水合状态可用尿液比重(USG)来评估,USG 的测量值越高说明运动者脱水程度越严重。在参加户外运动的过程中,如果补水不及时,会造成肌肉痉挛、力量和耐力均减弱的现象。有研究发现,在体液损失程度从 1% 升到 4% 的过程中,运动者的运动能力会大幅度下降。但是,如果补水过多不仅会增加肠胃负担,而且大量的水分吸收会增加血容量,加重心脏负担,降低运动能力。因此,水分的补充对运动者体能的维持以及延缓疲劳十分重要。运动者在参加户外运动前,一定要制定个性化的补水方案。在训练前和训练中也要饮用一定量的运动饮料,以保持机体良好水合状态、加强运动表现。

5. 维生素的补充

大量的研究与事实表明,维生素可以调节机体生理生化过程、参与能量代谢。比如 B 族维生素可参与能量代谢和肌肉的修复和生长。日常进行大量运动的运动者对维生素 B 族的需求非常高。而维生素 D 可以促进机体快肌纤维的形成,加强肌肉力量,提高平衡能力和缩短反应时间。在参加户外运动时,适当地补充维生素是非常有必要的。

6. 钙、铁的补充

钙是参与肌肉收缩、神经调节的重要营养物质。对于运动者来说钙尤为重要,它可以保障运动者拥有健康的骨密度,使其避免轻易骨折。人们在参加户外运动的过程中,时常会出现一定的运动损伤,尤其是骨骼方面的运动损伤,因此注重钙的补充是非常重要的。

铁是人体重要的营养素。如果铁的补充不及时,就会出现各种各样的问题:一方面血红蛋白和肌红蛋白的合成减少,从而导致组织细胞摄氧量减少;另一方面铁的补充不及时还会导致线粒体呼吸链的成分活性降低,影响三磷酸腺苷的生成,从而影响运动者的速度、耐力等。因此,在户外运动训练过程中一定要注意铁的补充。

7. 营养剂的补充

营养剂的补充包括肌酸、抗氧化剂、碱性物质等的补充。它们是在膳食营养的基础上,对由高强度运动导致的身体在短时内大量的体能消耗的一种有力的补充手段。目前被广泛地应用于各种运动项目的运动员的日常营养补充中。

（1）肌酸补充剂

肌酸补充剂是一种非常重要的营养补充剂。补充肌酸主要是为了提高肌内肌酸储备,从而加强糖代谢,进而对促进肌肉收缩后磷酸肌酸和三磷酸腺苷的再合成起到有效的促进作用。适量地补充肌酸,可以提高运动者在进行中短时高强度动作时的运动表现。需要注意的是,在补充肌酸时,尤其在湿热环境下参加户外运动时,要配合一定量的水的补充,如此能有效防止痉挛和拉伤。

（2）碱性物质

在进行长时间的户外运动后,运动者体内会积累大量的乳酸类代谢物质,这些乳酸类物质已经远远地超过血液和骨骼肌内的缓冲物质。因此机体内的稳态环境遭到破坏,糖酵解中磷酸果糖激酶活性受到抑制,糖代谢供能效率降低,此时运动者会感到疲劳,运动能力明显下降。如果及时地补充碳酸氢钠就可以大大增强细胞外液的缓冲能力,那么即使在高强度运动中,也能使肌肉的 pH 值保持正常水平。

（3）抗氧化剂

在长时间的大量运动后,运动者机体内会产生严重的氧化应激和炎症反应,这会降低运动能力,但是补充抗氧化剂,能够有效地提高高强度运动期运动者的运动能力。抗氧化剂主要是指维生素 C、维生素 E 和 β-胡萝卜素,它们可以清除高强度运动后产生的过多的自由基,从而维持机体氧化应激的平衡状态。一般常用的是食用葡萄籽提取物,它可以有效改善机体的氧化应激稳态失衡现象,还可以保护细胞免受氧化应激损伤,从而提高运动者的运动表现。这对于运动者参加户外运动具有积极的意义。

第三节　运动康复保障

一、运动损伤的预防

（一）预防运动损伤的意义

在参加户外运动时，由于运动者准备不足、技术能力较差或者受周围环境影响等原因很可能会出现一定的运动损伤，这是很难避免的。但需要注意的是，可以通过各种手段和措施预防运动损伤，将运动损伤发生的概率降到最低。如果不事先采取积极的预防措施，就更容易导致运动损伤。由此可见，加强户外运动中运动损伤的预防具有非常重要的意义。

在日常运动中，运动者要时刻加强自身的运动安全教育，要充分认识到预防运动损伤的重要性，只有如此才能保证运动训练的顺利进行，保证机体的安全和健康。

（二）运动损伤预防的原则

1. 提升指导者意识原则

运动者在参加户外运动时，为保证运动的有效性和安全性，可以请一些专业人士做指导，时刻提升自己的预防运动损伤的意识。在平时的运动训练中，运动指导要加强预防运动损伤的教育工作，让运动者充分意识到预防运动损伤的重要性。除此之外，还要加强体育防护技能的培训，提高运动防护技能水平。

2. 合理负荷原则

参加户外运动时，运动者还要确定合理的运动负荷，运动负荷不当就容易导致运动损伤。合理的运动负荷能极大地降低运动损伤发生的概率，确保运动者运动中的安全。但是，运动者还需要适当地增加运动负荷，这样才能有效地提高运动技能。

3. 全面加强原则

全面加强主要是指增强运动者的身体素质。运动者需要具备良好的身体素质,良好的身体素质是运动者提高运动技能,杜绝运动损伤的重要基础和保障。因此,在平时的户外运动中一定要重视运动者全面身体素质的发展。

4. 严格监督原则

为有效预防运动损伤,还需要加强医务监督。必要的医务监督有助于运动者及时发现身体不适等状况,实现早发现、早处理的目的。除此之外,还要定期或不定期地检查各种体育硬件设施,杜绝安全隐患。

5. 自我保护原则

户外运动是在大自然中进行的,存在着一定的风险,因此运动者在参加户外运动时还要注意自我保护,严格遵循自我保护的基本原则,努力提升自我保护意识,提升自我保护能力,做好必要的自我保护措施。

二、常见运动损伤的处理

(一)擦伤

轻微擦伤可以用生理盐水清洗受伤部位,并在受伤部位涂抹红药水或紫药水。大伤口擦伤应先用生理盐水冲洗、清理创面异物,然后用碘酒或酒精消毒,再涂云南白药,用纱布包扎。

(二)挫伤

在参加户外运动过程中,运动者挫伤时可以采取以下方法处理。
(1)普通挫伤:伤后即刻局部冷敷、外敷新伤药。
(2)四肢挫伤:包扎固定,及时送医。
(3)头部、躯干部严重挫伤:如果伤者有休克、大出血现象,应先进行休克处理,尽快止血,及时送医。
(4)手指挫伤:冷水冲淋,按压止血,包扎。
(5)面部挫伤:冷敷,24小时后热敷。
(6)伤情严重者应及时送往医院处理。

（三）拉伤

在参加户外运动过程中,运动者拉伤时可以采取以下处理方法。

（1）轻度拉伤：冷敷,局部加压包扎,抬高患肢。

（2）严重拉伤：简单急救后,立即送医。

（四）关节脱位

用绷带和夹板固定发生脱位的关节,尽快送医治疗。

（五）肩袖损伤

运动者肩袖损伤时可以采取以下处理方法。

（1）急性发作期间,暂停运动,肩关节制动,上臂外展30度固定,以减少有关肌肉活动从而减轻疼痛。

（2）进行必要的休息、调整后,可进行理疗、按摩和针灸。

（3）伴有肌腱断裂并发症时,立即送往医院救治。

（六）腰肌劳损

运动者腰肌劳损时可以采取以下方法进行处理。

（1）采用理疗、按摩、针灸等治疗手段。

（2）口服针对性药物。

（3）用保护带及加强背肌的练习进行康复。

（4）顽固病例应进行手术治疗。

（七）髌骨劳损

在参加户外运动过程中,运动者髌骨劳损时可以采取以下处理方法。

（1）根据自身实际情况适当地调整运动量的大小。

（2）注意受伤部位的积极性休息。

（3）可以采取按摩、理疗等手段进行治疗。

（八）韧带损伤

运动者韧带损伤时可以采取以下处理方法。

（1）用弹力绷带做8字形（内侧交叉）压迫包扎,冷敷。

（2）用棉花夹板固定,加压包扎,制动,止痛。

（3）伤后24小时左右可中药外敷或内服药物,进行按摩、理疗等。

（4）韧带完全断裂应及时送医进行手术缝合。

（九）出血

1. 止血

（1）指压止血

掌指出血时要按压桡动脉及尺动脉。

下肢出血时要两手拇指重叠,在腹股沟中点稍下方,将股动脉用力压在耻骨上支上。

足部出血时要压迫足背、胫前动脉和胫后动脉。

（2）止血带止血

用止血带(或皮管、皮带)缚在出血部近端,上肢每半小时(下肢每1小时)放松一次,以免肢体麻痹或坏死。

2. 包扎

用绷带和三角巾(或布条)包扎出血部位,结合不同伤部选用环形包扎、扇形包扎等不同包扎方法。

3. 大出血

出血不止或出血致休克者,应及时进行输血或手术治疗。

（十）骨折

运动者骨折时可以采取以下处理方法。

（1）不要随意移动骨折部位,固定骨折部位。

（2）出现休克现象时,先对伤者进行人工呼吸。

（3）伤口出血不止,应及时采取止血措施,并送医治疗。

在发生骨折现象后需要固定时,可依受伤部位采取以下几种包扎固定的方法。

（1）锁骨骨折时,可采用横8字形绷带固定法、双圈固定法、胶布条固定法。

（2）尺桡骨干骨折时,复位后,应用夹板固定或石膏固定。

（3）肋骨骨折时,可用胶布固定,如患者对胶带过敏,可用宽绷带固定。

（4）小腿骨折时,依骨折位置不同,注意包扎固定方法与位置。

第四节　医务监督保障

一、医务监督的组织与实施

（一）医学观察

1.观察机体反应

（1）运动前了解运动者的身体情况和自我感觉。

（2）分阶段进行户外运动,每完成一个阶段,通过观察、测量等方式了解运动者的疲劳情况。

（3）结束运动后,对运动者的相关生理指标进行测评,了解运动者的疲劳和恢复情况。

2.评定机体适应情况

在进行户外运动时,还需要判断机体对运动量和运动强度是否适应。要根据运动者血压、心率等常见生理指标的测量结果对适应情况进行判断、评定和调整。

（二）医务督导

1.确保运动场地及设施安全

在开展户外运动前,要请医务工作者对周边场地、器材等进行必要的检查,及时发现和解决安全问题。不能存在任何侥幸心理,否则可能酿成无法弥补的安全事故。

2.科学安排运动内容

运动者在参加户外运动时,各类运动内容的安排也要遵循从简单到复杂的原则,要符合运动者的身心规律、认知规律和运动技能形成规律。在各类内容开展中要把安全放到第一位。

3.正确处理异常现象

在参加户外运动的过程中,还要随时观察运动者的身体状况,通过面部表情、排汗量、体能状况、运动表现等判断其是否能适应运动强度,是否有不良反应。如果运动者有不适症状,要及时处理。

二、医务监督的要求和措施

(一)运动前的医务监督要求和措施

运动者在参加户外运动前,首先要对自己的身体做一个全面的医学检查,了解自己的身体素质及机体水平,排查身体疾病,保证自己的身体适合参加户外运动。如果检查到自己的身体有过度疲劳、心电图异常或者有各类疾病,就不要参加一些不适合的户外运动。

(二)运动中的医务监督要求和措施

(1)配套医务监督。在户外运动的现场还要配备一定的医务人员,以防运动过程中突发的各种状况。医务人员要根据户外运动中常见的损伤和各类疾病,备好急救时可能会用到的药品和其他用品。对于户外运动中常见的伤病,比如擦伤、撕裂、痉挛等,医务人员要随时进行观察,及时发现和处理,保证运动者户外运动的顺利进行。

(2)运动者本人也要注意运动中的安全,使用标准的运动姿势和运动方法,避免不必要的运动损伤。

(3)要备好运动的补给,及时补充水分和能量,以维持运动者机体参与运动的需求。

(三)运动后的医务监督要求和措施

(1)自我判断。有些运动损伤的隐蔽性比较强,有的在运动过程中一时发现不了,有的是经过长期的细小损伤积累而成的,为了身体不受这些隐蔽性损伤的威胁,运动者要在参加户外运动之后及时对自己的身体状况进行自我检查和判断。如果发现身体某一处长时间持续有痛感,或者运动之后身体某处突然出现损伤或者疼痛,就要及时进行检查,防止错过最佳的治疗时间。

（2）运动后的恢复措施。在运动之后可以采取按摩、理疗、沐浴等方式,尽快消除身体肌肉的疲劳酸痛感,快速恢复体力,为接下来的运动做准备。

第四章

户外运动科学开展的安全管理体系建设

任何一项户外活动的参与者（包括领导者、组织者、指导者等），都需要有较强的安全意识。安全是户外运动的命脉，大多数户外运动项目都有一定的风险性，的的确确会给人带来危险。因此，需要在运动过程中考量安全性，构建安全管理体系，避免出现安全事故，给参与者的身心造成不良影响。

第一节 安全法制体系建设

一、户外运动的立法体系

下面分析几类主要的法律、法规、规章等。

（一）《体育法》

户外运动具有活动形式丰富多样、活动内容多元新颖、活动地点灵活多变等特点，因此必须通过体育立法来规范户外运动项目的组织与开展。1995年第八届全国人民代表大会常务委员会第十五次会议通过《中华人民共和国体育法》，而当时我国户外运动初步兴起，这部法律中并没有户外运动安全的相关规定。但是户外运动归为体育范畴，而《中华人民共和国体育法》对我国体育事业的各个方面都具有指导、规范和保障的作用，因此其也为户外运动提供了基本法律保障。

（二）行政法规

国务院制定的行政法规具有法律效力，能够为户外运动的发展提供重要的保障。例如，2003年国务院颁布实施的《公共体育文化设施条例》对公共体育（包含户外运动）场地设施安全管理进行了专门规定。2009年国务院制定的《全民健身条例》对户外运动中常见的高危险性体育项目的指导人员的职业资格、经营资质及政府对其的监督责任等作了具体规定，以此保障高危体育项目参与者的安全。

（三）国务院文件提

国务院文件对于维护户外运动安全具有重要指导意义。例如，《国务院办公厅关于加快发展健身休闲产业的指导意见》要求"完善山地户外运动安全和应急救援体系，引导保险公司开发场地责任保险、运动人身意外伤害保险，完善健身休闲活动安保服务标准"。①

（四）部门规章

我国大多数户外运动安全保障内容都体现在国家体育总局、国家旅游局等中央部委（局）制定的规章中。例如，2003年国家体育总局发布了登山活动的专项管理办法——《国内登山管理办法》。其中规定"登山团队应当配备符合安全要求的防寒、通讯、生活、医疗等基本器材装备；在登山活动中发生重大事故，必须及时向批准单位报告，并采取相应措施"。2013年国家体育总局发布《经营高危险性体育项目许可管理办法》，规定"政府对经营高危险性体育项目实施行政许可制度，坚持保障消费者人身安全原则，经营高危险性体育项目应当具备相关安全保障制度和措施等具体条件""经营者应当履行张贴公示安全规范和警示说明，定期维修保养器材设施，配备专业指导和救助人员，投保责任保险"。②

（五）地方性行政规章

地方政府结合本地实情制定的地方性行政规章对于推动我国户外

---

① 张恩利，刘新民．我国户外运动安全的法律保障［J］.西安体育学院学报，2020，37（5）：545-550.
② 张恩利，刘新民．我国户外运动安全的法律保障［J］.西安体育学院学报，2020，37（5）：545-550.

运动安全保障法律法规的贯彻执行及地方户外运动的发展起到了关键作用,如《北京市体育运动项目经营单位安全生产规定》《广东省高危险性体育项目经营活动管理规定》《河北省游泳场所管理办法》等都为当地户外运动安全管理提供了地方性保障。[①]

二、户外运动的执法体系

(一)行政执法主体与执法范围

任何户外运动项目都要接受有关部门的管理。对于大型户外体育赛事活动,需要公安部门、体育局、生态保护部门等相关部门联合执法,共同保障其安全顺利开展。

(二)户外运动安全执法实践

1. 执法培训

户外运动相关法律的执行对执法队伍的专业素质提出了较高的要求,因此有关部门将执法人员组织起来定期进行培训,促进专业执法队伍执法素养和水平的提升是十分有必要的,这有助于为户外运动参与者的安全提供切实的保障。

2. 行政检查

在户外运动安全执法中,最重要的执法手段是行政检查。有关部门通过行政检查来排查风险,保障安全。检查对象包括经营许可证、安全操作流程、硬件质量、从业者资质、安全警告标识等。

3. 行政处罚

在户外运动安全检查中,有关部门会对违规行为采取相应的行政处罚措施,有力打击违规行为,切实保护户外运动参与者的生命财产安全。例如,市场上一些户外运动训练经营单位不具备对外开放营业的条件,市场监督管理部门予以取缔即为行政处罚。此外,对于存在严重违

---

① 张恩利,刘新民. 我国户外运动安全的法律保障 [J].西安体育学院学报,2020, 37(5): 545-550.

规行为的企业,相关部门可以将其营业执照吊销。再如,有些户外运动训练基地的硬件设施不符合标准,规格低,安全性低,相关部门对经营单位提出限期整改的命令,并责令其缴纳罚款。

三、户外运动法制体系的完善

(一)出台和户外运动相关的法律法规等

当前,我国从户外运动的特殊性出发已经出台了一些规章,改变了户外运动发展早期在某些方面没有专项约束和保障的局面,为户外运动的发展提供了更全面的依靠。各部门根据相关规定处理户外运动中的纠纷和其他问题,切实维护参与者合法的利益。然而,现阶段我国户外运动的参与者自我保护意识不够强烈,相关法律中涉及户外运动项目的针对性条款较少,专门的法律法规也较少,再加上户外运动具有风险性,这些都说明了我国继续出台和完善与户外运动相关的法律法规的重要性和必要性。从法律层面规范户外运动的发展,需要注意以下几个要点。

第一,户外运动的管辖主体要明确下来,完善包含户外运动经营在内的行政许可法,使地方市场监督管理部门和体育部门能够依据相应的法律法规对户外运动经营市场进行协同管理。除了要将管辖主体明确下来以外,还要对法律的服务对象、约束对象加以明确。

第二,加大对户外运动经营单位的监管力度,同时也要注重监督和管理个体参与者的行为。目前,我国还没有明确的法律、法规等来约束、管理户外运动自由参与者的行为,也没有明确的法律、法规等来保障他们的某些利益,对市场上各种类型户外运动俱乐部的管理也缺乏足够的法律支撑。对此,市场监督管理部门、体育管理部门、旅游管理部门等相关部门应联合监管户外运动经营单位或民间户外运动团体组织,提出大型户外活动按流程申报登记的要求,切实加强对有组织或自助式的大型户外运动活动的安全管理。

第三,对自助式户外运动的有关法规予以制定并大力落实,明确规定相关单位和个人经营此类户外运动项目的准入门槛。现在有很多户外运动活动都是户外运动爱好者在网络平台上自发组织的,我国专门规范和管理这类活动的法律法规较少,这类活动中相关利益主体各自的权利、责任及义务尚不明确。如果发生安全事件,那么应该承担经济或法律责任的责任人是不明确的,因此很容易发生纠纷。对此,法律中要明确作出关于"责任人"的规定,一旦发生意外,迅速"责任到人",这样才能做好紧急处理工作,将生命财产损害降到最低。

第四,规范户外运动中的民事行为,对民事纠纷予以处理。要对活动发起人、领队及参与者等不同角色的权利和义务予以明确规定。

总而言之,要重视户外运动相关法律法规的制定和实施,同时也要对户外运动相关行业的服务标准、经营管理制度、资格认证制度、监察制度、技术等级评定制度以及从业者培训制度等予以制定和完善,推动户外运动的持续健康发展,切实保障相关主体的合法权益和切身利益,保障参与者的安全。

(二)将资质准入制度充分落实

户外运动具有广泛的群众基础和突出的普适性,不同性别、年龄、职业的人都能参与其中,参与者并不是特定的群体,而是具有复杂性的广泛群体。适合广泛群体参与的户外运动在运作中必须规范、安全,切实保护参与者的安全和利益。但现阶段我国的户外运动俱乐部或民间组织在专业水平上存在参差不齐的乱象,而且没有相关部门对这类单位或组织进行对口的统一管理。此外,户外运动俱乐部的技术人员专业水平良莠不齐。一些领队尚未经过正规渠道的系统学习也未获得相关部门颁发的资格证书,他们只是户外运动经验丰富一些,但这不足以成为其独自带队进行户外运动的条件。一些领队虽然户外运动经验多,但是技术指导能力差,而且也不具备安全救援意识和急救能力。有些户外运动俱乐部组织的户外训练活动没有专业与安全的保障,网络上自发组织的户外运动活动更是如此,很多领队并没有接受过专业培训,不熟悉活动地的实际情况,也没有合理设计训练计划,更没有针对活动中可能出现的安全事件制订处理方案。这些无疑增加了户外运动的风险。因此,要针对户外运动的发展现状、特点及趋势制定与完善相关资质准入制度及规范,如经营单位资质认证标准体系及规范、从业人员资质认证标准体系及规范等,并尽快落实这些制度及规范,以最大程度地降低户外运动的风险。

构建与完善户外运动行业的相关资质认证体系是保障户外运动安全运作的重要策略。将这些制度与规定落实可以明确组织经营机构需要具备的条件;可以对从事户外运动相关工作的人员尤其是技术人员进行严格的资质审查，了解其经验、能力、技术水平和责任意识。这样会提高经营机构拓展户外运动市场的门槛与条件，同时也从侧面激励经营机构不断完善自己的经营管理机制，提升自己的竞争力，为消费者提供安全优质的产品与服务。经营机构开发户外运动项目，必须有良好的硬件设施条件、突出的专业培训能力，而且要接受和主动配合有关部门的检查。户外运动经营机构每年都要接受严格的审查，包括地方体育部门、市场监督管理部门的审查等。审查中一旦发现违规行为或达不到标准要求的环节，就必须停业整顿，迅速按规定处理，不允许任何一家经营机构非法运营。全力清理不符合规范的户外运动经营机构，才能营造良好的户外运动环境，净化体育市场风气。

（三）完善户外运动专项保险制度

完善户外运动法制体系，还要注重对相关保险制度的完善，主要是要对户外运动中的人身意外保险制度予以完善。保险公司应从户外运动发展的现状及参与者的实际需求出发对户外运动保险进行开发，使商业保险的优势得到更大程度的发挥。在开发与推广户外运动保险产品的过程中，要提高参与者的保险意识。户外运动经营机构也应加强与保险公司的合作，配合保险公司根据市场需要对特种保险产品进行针对性开发，提高户外运动风险管理与控制的效率和效果。例如，对于参与户外运动的团体，要先了解团体人数、参与项目的风险程度、产品中是否含有保险费用等，从而设计和推广相应的险种，保费、保险金额视具体情况而调整。

户外运动经营机构在经营管理中要特别关注保险，开发与推广新兴户外运动项目的过程中，要从机构经营规模、管理现状、市场经验、所开发项目的特点及参与者的实际情况等因素出发而对保险方案进行择优选择，选出最佳方案。经营机构要同时为自己和户外运动项目参与者购买意外险，这样一旦发生意外，不但能够为参与者争取合理合法的赔偿，而且也能使自己的经济赔付风险得到一定程度的降低。

第二节　安全教育体系建设

一、户外运动安全教育概述

安全,就是人身财产受到保护、没有危险、不受伤害,没有事故的状态。人类从诞生的那一天起,就必须面对安全问题,安全伴随着人类历史发展的全过程。在历史发展的长河中,人们在与自然、社会中的各种不安全因素抗争的过程中,在保证安全与避害方面积累了许许多多宝贵的经验,为了将这些知识留给后人,人们开展了安全教育。现代安全科学理论更是认为:安全是社会稳定和发展的前提,是个体生存和发展的基本保障。

具体到户外运动,对其安全性的思考是一种居安思危的、宏观的、超前的和深层次的探索。户外运动的项目大都是探险活动,如登山、攀岩、野营、远足、攀冰等项目,这些项目具有很大的刺激性和挑战性。它能使人走近大自然,挑战自我,培养个人毅力和团队合作精神,提高野外生存能力,获得良好的情感体验。这些特点让很多人热衷于户外运动,但与此同时,人们也要面对各种安全问题。户外运动具有涉及面广、潜在风险高以及易受外部条件和环境影响制约等特点,在运动过程中如果缺乏安全防范意识,不仅实现不了户外运动的价值,甚至还会引发危险事故,造成人身伤害。因此,在开展户外运动之前,应加强安全教育,树立防范意识,提高户外应急的能力。

具体而言,户外运动安全教育就是针对户外运动而开展的安全教育活动,即对户外运动过程中容易出现的各种安全问题进行系统学习。户外运动安全教育是以防范为手段、以安全为目标而主动实施的一系列行为措施。安全教育的本质在于能够预防事故发生并将事故造成的损失降到最低,进而给社会带来前进的希望和力量,保障和促进人类的健康发展。

当前就我国而言,户外运动安全教育一般由户外运动组织机构来进行,国内部分高校也设置了这方面的课程,但由政府和社会部门组织的户外运动安全教育活动少之又少。因此,加快建立国家户外运动安全教育培训体系和标准是当务之急,是保障和促进户外运动行业规范发展的基本措施。

二、户外运动安全教育的形式

现在很多户外运动都是由民间组织自发组织的,缺乏规范性和专业性,不管是组织者还是参与者,安全意识都不强,这是造成户外运动中常常发生危险事件而且没有及时遏制生命财产损失的主要原因之一。因此,不管是户外运动从业者,还是户外运动的参与者或广大户外运动爱好者,都有必要接受安全教育,提高安全意识和自我保护能力,这样才能预防危险,并在危急关头采取措施进行紧急处理,降低事故的危害程度。户外运动安全教育的形式和类型主要包括普及教育和专业教育两种。

(一)普及教育

在户外运动安全教育中,普及教育是最基本的一种教育形式,向有关人士普及户外运动知识及安全常识可采取以下途径。

第一,开展户外运动安全专题系列讲座,邀请专家对户外运动相关知识进行讲授,提高人们对户外运动的认知能力及安全防范意识。

第二,将传统传播媒介和现代化传播媒介充分利用起来,发挥各种传播媒介的优势和作用,广泛宣传户外运动安全知识,使从业者树立高度的安全意识,掌握必要的安全技能,从而为客户提供专业的服务和安全保障。同时,通过媒体宣传提高户外运动爱好者的安全意识,使爱好者在做好各方面准备的情况下理性参与风险性高的户外运动项目,不冲动行事。此外,还可播放和户外运动相关的真实事故,还原现场,提高人们的警惕性。

(二)专业教育

下面从高校和户外运动经营机构两个角度来分析户外运动的专业教育形式。

1. 高校专业教育

在高校体育教育中开设户外运动专业理论和技能等相关课程,建立户外运动技能培训组织,可为学生学习户外运动知识和掌握其关键技能以及实践演练提供良好的平台。户外运动经营机构从业者是高校体育、经管专业等相关专业学生毕业后的一个就业方向。要使学生能够熟练地掌握户外运动理论知识、技术技能及管理方法,并能在实践中运用所学知识和技能提供专业指导、服务,或将户外运动经营机构经营好、管理好,保障消费者的安全,保护他们的切身利益,妥善处理纠纷,预防意外发生,实现经营机构的安全运营和可持续发展的目标。

高校不仅要对在校生进行专业素质培养,为社会培养专业的户外运动技术人才和管理人才,也可以将学校的教学资源充分利用起来创办培训班,在课余时间为社会人士提供专业培训。另外,高校获得有关部门的批准后可与户外运动经营机构合作创建培训机构,或在地方体育局的领导下创办社会性质的培训班。社会上从事户外运动工作的相关人员可以抓住这个培训机会继续深造,提高自己的业务能力。户外运动爱好者也可以参与培训,积累知识,掌握技能,从而更安全地参与户外运动。高校设置的相关课程以及培训机构开设的课程应该包括运动生理学、运动心理学、运动医学、体育管理学、市场营销学、运动训练学等丰富多样的内容。

高校通过校内专业教育和校外培训的方式对户外运动人才进行培养,有助于促进户外运动行业的系统化、专业化发展。需要注意的是,要提高人才培养质量需要有优秀的师资队伍,而师资缺乏是制约高校培养户外运动相关人才的重要因素之一。对此,高校应加强优秀师资队伍的建设,引进优秀教师来满足教学和育人的需要。高校在人才培养过程中要加强对户外运动从业者或爱好者专业技术、综合能力的培养,以推动户外运动市场的安全运作及持续发展。

2. 户外运动经营机构专业教育

一些小型户外运动经营机构中的管理人员既不是体育专业人才,也不是经管专业人才,而且素质不高、经营思想和理念落后,这都制约了经营机构的发展,影响了户外运动市场的健康有序发展。对此,要对户外运动经营机构从业者进行专业教育。这包括对管理人员、指导人员及其他服务人员的培训。培训内容应该既丰富又专业。因为户外运动指导人员不仅仅要对客户进行单纯的技术指导,还要为其讲解生理学、心理学、康复学等方面的相关知识,根据不同客户的需求采用不同的指导方案,所以要储备丰富的知识并熟练掌握指导技能。

三、户外运动安全教育的原则与要求

开展户外运动安全教育要以人为本、以户外运动科学理论为指导,并密切结合户外运动实践。只有切实有效的安全教育才能够起到应有的作用。具体来说,户外运动安全教育有以下原则与要求。

（一）户外运动安全教育的原则

在进行户外运动安全教育的过程中,应遵循以下基本原则。

1. 系统性原则

户外运动安全教育要全面涵盖户外运动安全涉及的各个方面,必须依照户外运动的目的性、相关性、层次性、整体性来进行,且各教学部分之间应相互影响,相互制约。

2. 全面性原则

户外运动安全是一个多层面的问题,同样,安全教育也是一个多层次多角度的立体结构。户外运动安全教育的基础,应从安全各个层次出发,全面考虑总体安全因素。

3. 实践性原则

户外运动安全教育不应只停留在理论层面,更要发挥实践的作用。因此,在理论教育的同时,应加入实践内容,提高学生实操能力。

（二）户外运动安全教育的要求

户外运动安全教育必须依照各种安全管理规章制度来组织和实施,如防火安全制度、交通安全制度、公共娱乐场所管理制度、社团管理制度等等。此外,在户外运动安全教育活动中还应做到以下几点。

（1）严格遵守国家法律、法规和各项规章制度,注意自己的人身财产安全,防止各种事故的发生。

（2）在日常教学及各项活动中,应遵守纪律和有关规定,听从指导,服从管理,增强安全防范意识,提高自我保护能力。

（3）注意户外实践能力的提高，使参与者通过学习，掌握和运用户外基本技能，并提高应急能力。

四、户外运动安全教育的内容与方法

（一）户外运动安全教育的内容

一般而言，目前开设的户外运动相关课程，在教学内容上主要分理论和实践两部分，户外运动安全教育也可以分理论和实践两部分。理论部分一般包括户外运动安全基本概论、户外活动常识和户外生存知识，以及户外安全意识与技能等；实践部分包括户外生活与活动技能、户外遇险求救与自救技能、户外运动拓展训练的组织与策划，并可以简单实践一些户外生存技能等。

作为一门培训课程，培训教师首先要让学生了解将要开展的户外项目的基本理论及实践技能，同时培养学生的各种素质。待各方面能力和素质达到要求后，先模拟操作，然后逐步组织学生到户外进行综合实践。

从户外安全教育的内容可以看出，户外运动对参与者的身心素质要求较高，户外运动参与者需要掌握多种户外技能。因此，户外运动的安全保障需得到足够的重视。

（二）户外运动安全教育的方法

户外运动安全教育是开展户外运动的重要内容，必须采取切实可行的措施，并予以落实。常用的户外运动安全教育方法有以下几种。

1. 安全宣传

针对户外运动的特殊性，根据运动过程中的注意事项、易发事故、自救知识等内容编印宣传资料，借助运动场地交通工具、运动场地宣传册、运动场地门票、运动场地安全宣传栏等多种宣传渠道，向户外运动参与者和爱好者发放宣传资料。此外，在进入户外运动区时，指导人员及组织人员等要先对户外运动参与者进行系统性的安全教育，使其对运动过程中可能发生的问题提高警惕；组织人员及指导人员等要对意外处理方法及求救方式等给予明确说明，提高户外运动者安全意识，保障活动顺利进行。

2. 专业培训

专业培训主要是针对户外运动从业人员进行的培训,目的是提高从业人员专业知识储备量和设施操控技能。户外运动中涉及安全的设备的操作、机动车辆驾驶、紧急救援等人员应在通过培训取得相应证书后上岗,严格遵守持证上岗制度。专业培训要使从业人员形成规范操作、安全操作的意识。此外,也可以通过开展急救知识讲座等方式,让从业人员及参与者掌握各种安全事故应对措施,提高突发事故时救人与自救的能力。

3. 案例警示

进行安全教育,要善于利用典型的事件、案例,以生动形象的事实警示人们。一是可在各种教育活动中对户外运动事故的典型案例进行分析、讨论等。二是可在公共场所举办有关户外运动安全的专题展览。

第三节　安全监控体系建设

户外运动安全监控的实质是对户外运动进行风险评估,加强风险管理和事故预防的各种管理和教育活动。

一、户外运动安全监控概述

安全监控是指为了社会活动的正常开展,维护人身、财产安全,提高人们的安全防范意识与自我保护技能,从实际情况出发,运用一定的技术和管理手段,依照国家有关法律、法规制定各种安全教育与管理的规章制度,评估风险因素和违反安全法规的行为,对异常行为进行统计和跟踪,并对人们进行安全知识与防范技能教育的活动。户外运动安全监控就是对各种在户外开展的体育活动进行风险评估,加强风险管理和事故预防的各种管理和教育活动。

我国的户外运动安全防范教育是随着我国户外运动的兴起和发展

而产生的,经过多年的发展,已逐步由低级走向高级、由不成熟走向成熟。而对于喜爱和经常参与户外运动的人来说,学习和掌握一些安全防范知识,必将使其终身受益。

通常而言,户外运动是在复杂和潜藏着各种危险因素的自然环境中进行的,在这样的条件下,随时都有可能发生不同种类和不同程度的伤害甚至是死亡事件。在大多数情况下,伤害事故的发生是由于客观危险和主观失误共同造成的。因此,为了更好地开展户外运动,加强安全监控显得尤为重要。

二、户外运动安全监控的功能

安全监控的主要目的是将安全信息量化,形成一份完整的报表,将各种风险因素进行分析对比,权衡风险因素发展态势,从而实现风险因素的管理和安全的保障。就户外运动来说,安全信息是指与户外运动开展有关的各种信息,泛指一切有关人的身体、心理,及环境等方面的知识、技术、观念等。户外运动安全监控通过对个体或群体活动状况或未来可能出现风险的量化评估,筛查出户外运动的主要安全问题及风险因素,并对风险因素造成的危害程度与干预的重点与成效进行排序,为户外活动安全管理提供科学的信息基础。具体来说,户外运动安全监控具有以下功能。

（一）防范事故于未然

安全监控是对事故的事前管理,即针对各种危险源、险情采取的事前监控、处置等措施。它可以预防事故的发生,防止风险的进一步发展和扩散。

（二）识别风险因素,确定管理方案

户外风险因素是指影响户外运动正常开展的各方面因素,通常情况下,影响户外运动安全的因素大致分为参与者因素、设备因素、环境因素以及组织管理因素4个方面。风险因素在个体与群体身上的发生和表现复杂多样,综合起来说,户外运动中多元化的风险因素并存且相互影响。通过安全监控,可以有效地鉴别个人及群体参与户外运动的主要安全问题和危险因素,从而有利于帮助个体和群体综合、正确地认识户外风险因素及其危害,确定安全管理的目标所在。对各种户外风险因素进行评估后,就可以有针对性地制定管理方案,提高户外运动开展的科学性与安全性。

(三)保障应急救援的成功实施

安全监控是发现险情,预防和处理事故的关键举措。安全监控规范,就会建立起良好的应急体制与应急机制,从而保障在突发事故及险情时,可以按照既定应急预案,及时进行救援抢险。因此,户外安全监控的中心任务不仅在于预防和控制危险源,还在于当户外运动事故发生时保证户外救援工作有条不紊地实施。

(四)创造良好的经济效益与社会效益

户外运动安全监控通过应急预防与风险控制,可以避免、减少各种事故的发生,避免和减少人员伤亡和降低事故损失,防止对环境的污染和对社会的不良影响,从而创造良好的经济效益、生态效益和社会效益。

户外运动安全监控工作的主要目的就是努力避免户外事故的发生,减少人员的伤害,提高户外运动开展的可行性。因此,它是树立"以人为本、生命至上"的户外运动文化理念和安全观念的体现,对户外运动中人们的生命健康起到重要的保护作用。

三、户外运动安全互控体系的构建

安全互控包含自控和他控两个方面。安全互控体系指的是自控体系和他控体系之间相互约束、控制,最大限度地避免安全事故的发生或使安全事故的损害降到最低限度,起到安全保护作用的整体的工作系统。两大体系各自独立,又相互影响、相互制约。

(一)自控体系构建

自我控制是个体通过自觉确立目标,制订计划,排除干扰,克服障碍,采取某种方式控制自己的行为,从而实现目标的心理过程。构建自控体系要从以下几方面出发。

1. 提高自我意识

要有强烈的安全意识,对户外运动的安全问题要主动了解,对实践经验要主动学习,在户外运动中要保持高度警惕。

2. 了解自我能力

准确认识自己的体能状况、心理素质及运动能力,选择自己能力范围内的户外运动项目来参与。

3. 提高专业知识和技能素养

对户外运动的相关知识及专业技能进行全面学习,包括安全知识、组织技巧、运动技术、基本装备使用方法、急救技能等。

4. 正确选择和使用运动装备

选择标准的有质量保障的装备,使用前、后仔细检查装备,不要使用有安全隐患的装备。

5. 提高自我心理素质

稳定的心理素质是与人沟通交流、适应新环境、融入集体生活的重要条件。这种心理素质还能够使人的应急反应能力得到提高。

6. 遵守法律法规

参与户外运动,必须严格遵守法律、法规,按规定严格执行行动方案,做一名懂法、守法的合格户外运动者。

(二)他控体系构建

他控指的是外界的控制、约束,他控体系指在外界的压力作用下采取措施对主体进行控制的体系。构建他控体系要从以下几方面出发。

1. 改善环境

改善自然环境,完善户外运动场地的监控预警系统,提前监测可能发生事故的区域,完善预警机制,避免发生意外。

改善社会环境,尽可能选择治安好、医疗卫生条件好的地方进行户外运动。

2.人为约束

(1)户外运动队伍中配备专业医疗人员。

(2)对户外运动经营从业者进行资格认证,全面考核组织者和领队及指导人员的专业能力。

(3)户外运动的参与者尤其是集体项目参与者要有团队合作意识和集体主义精神。

3.健全法律法规

要依靠国家出台的相关法律法规来规范户外运动的组织运作,保障户外运动参与者的生命财产安全。一方面要出台专门的户外运动法律制度,如户外运动经营者监管制度、户外运动消费者权益保护法律等;另一方面要出台相关法规,包括全国性、地方性法规和行业法规等。

4.监管引导

包括对户外运动相关企业、相关人员以及相关部门(救援部门、保险部门等)的监管引导。

5.救援保障

救援是户外运动尤其是户外极限运动项目中最重要的环节,完备的救援工作需要社会和政府多部门的协调合作。要构建包含救援人员、救援机构和救援设备等要素在内的救援保障体系,提高保障效率。

第四节　安全保险体系建设

一、户外运动保险概述

关于保险的含义,从不同角度出发有不同的理解。从法律视角出发,保险是一种以契约为依托的权利和义务的关系,也就是契约关系或保险契约关系。从社会角度出发,保险是一种经济制度,具有分散风险和减少损失的经济功效。

户外运动保险是随着户外运动的兴起和发展而出现的一个新兴保险概念,我国对户外运动保险的概念没有明确的界定。但这种保险产品有其特殊性,它的保障对象、范围不同于一般的保险,而且也有自己的侧重点。户外运动保险实质上是市场经济体制下形成的一种商业社会管理机制和风险转移机制的重要环节。我们可以从下列两方面来理解户外运动保险的本质。

第一,户外运动发展中产生的社会纠纷可通过户外运动保险得到有效解决,这有助于促进社会管理成本的降低和社会保障水平的提高。随着户外运动保险市场的深入发展,必然会有大量的就业岗位产生,这就会使社会就业问题得到一定程度的解决,会使政府压力得到缓解,也会对社会稳定起到积极促进的作用。

第二,户外运动保险具有分散与转嫁风险的功能,户外运动中的风险是由自然灾害或其他突发意外事故带来的,采用市场手段能够使这种风险成功实现转嫁。

户外运动的普及与发展催生了户外运动保险,广大户外运动参与者对运动保险有较高的需求,因为参与者本身是广泛的,户外运动也具有层次性和多元性,因此保险公司也要设计丰富多样的保险产品来满足广大用户的需求。我国户外运动保险市场与其他一些国家户外运动保险市场相比处于相对滞后和缓慢发展阶段,这与户外运动在我国兴起的时间较晚有直接的关系。因为户外运动保险发展缓慢,所以目前这方面的险种结构比较单一,以户外运动纠纷处理中涉及的险种为例,户外运动保险市场的险种结构如图4-1所示。单一的险种结构不足以满足广大户外运动参与者、组织者等的实际需求,因此有待进一步开发。

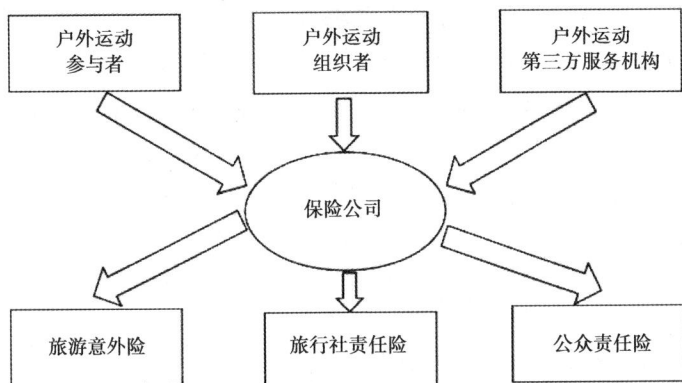

图 4-1　户外运动保险市场的险种结构 [①]

二、户外运动保险体系的构建

(一)开发专项保险产品,提供精准化保险服务

体育有竞技体育、群众体育和学校体育之分。体育保险也可分为竞技体育保险、群众体育保险和学校体育保险,这也是我国商业性人身保险在体育领域的分类。户外运动属于大众体育项目,因此群众体育保险中涵盖户外运动保险。随着全民健身的广泛开展,大众体育迅猛发展,但体育实践中的意外事故也增多了,人民群众的生命与财产安全受到了一定的威胁,这也使人们对体育保险的需求增加了。此外,户外运动的风险因素较多,因此户外运动参与者对保险的需求也较大。但是目前体育保险产品在商业保险中的比例并不大,而且我国缺乏专门的户外运动保险。体育保险产品的开发现状无法满足现实需要,户外运动中意外事故引起的纠纷还无法通过相应的保险得到有效解决,户外运动参与者遭受的损失更是难以得到足够的赔偿。为此,开发户外运动专项保险迫在眉睫。保险公司要做好以下工作。

第一,保险公司应基于对相关法律制度及行业规章制度的遵守开发与推广户外运动保险产品,并加强对户外运动保险的管理与优化,使这类保险在市场上真正发挥作用。

第二,保险公司应从实际出发,开发户外运动专项保险产品。这里

---

① 陈玲慧.基于纠纷处理判例对我国户外运动保险的研究 [D].北京:北京体育大学,2019.

的实际既包括户外运动参与者的需求，也包括户外运动中常见意外事故的产生因素、发生特点、造成危害等。从这些实际情况出发开发的保险产品更能满足现实需要，能够使投保者享受专业化、个性化、精准化服务。此外，户外运动保险产品也要与事故的风险系数层级相匹配，产品本身也要体现出层级性。保险公司要开发不同层次的产品以满足不同人的需求。

（二）树立正确理念，构建利益主体共赢机制

当前，我国户外运动纠纷涉及的利益主体比较复杂，而且主体之间联系不紧密，形成封闭的"个人利益保护圈"。这种隔绝状态对户外运动市场的进一步扩大造成了严重的制约，也限制了定制化、精准化户外运动保险产品的开发和推广。对此，必须从多元利益主体这个突破口来解决户外运动保险的问题。

第一，户外运动参与者（一级利益主体）要主动购买能够满足自己需求的个性化、定制化户外运动保险产品，使自己承担的风险降到最低，不要完全寄希望于经营单位的自带责任险。

第二，要完善户外运动经营机构（二级利益主体）的资格认证标准和制度，根据户外运动项目的风险系数制定不同层次的认证标准，达到某一层次标准的机构可以经营相应风险级别的运动项目。在认证过程中，要将经营机构从业者尤其是领队及指导人员的技术技能、安全保障技能、管理能力等作为重要的指标，进行严格审查。

第三，户外运动的资源供应商、第三方服务机构（三级利益主体或"蛰伏利益主体"）要购买相关责任险，使自己承担损失的风险降到最低，保障自己的利益。

第四，有关部门、保险公司（四级利益主体或边缘利益主体）要围绕其他利益主体进行商业布局及开发定制化和个性化保险产品，满足其他利益主体对保险的精准需求。

总之，各个级别的利益主体要打破封闭状态，树立"同呼吸，共命运"的科学理念，相互沟通，友好互动，优势互补，共同致力于构建共赢机制，从而使所有主体的利益都得到最大程度的保障。

第五章

山地运动的科学开展与训练

树丛、阳光、山路甚至雨雾、负重,这一切可能都是人类必然选择,因为喜欢山地户外运动,许多人将登山、攀岩、山地自行车作为健身的首选。这些运动不仅能使运动者亲近自然,也能使运动者开阔心胸,陶冶情操。本章主要介绍登山、攀岩、山地自行车的基本技术与训练方法。

第一节　登山运动的开展与训练

一、登山运动概述

(一)登山运动的起源与发展

登山运动有着悠久的历史。早在远古时期,当洪水泛滥时,人们就会上山去躲避洪水;为了躲避战争,有时人们也会跋山涉水去寻找安稳之地。除此之外,人们也会翻山越岭与外族进行商品和文化艺术的交流。在这样的背景下,登山得以出现并获得快速发展。

随着时代的发展和进步,登山装备日益完善,人们的登山技术也得到提高,于是登山逐渐从旅行活动中分离出来,成为一个独立的体育运动项目。而登山运动的专业化发展则要追溯至18世纪末期。据史料记载,法国一位名叫德·索修尔的著名科学家为探索高山植物资源,渴望有人能帮他登上阿尔卑斯山顶峰。1760年5月,他在阿尔卑斯山脚下的沙木尼村贴出了一则告示:"凡能登上或提供登上勃朗峰之巅线路者,将以重金奖赏。"26 年后的 1786 年 6 月,一位名叫帕卡德的山村医生揭下了告示。他们经过两个多月的准备,与在当地山区采掘水晶石的工人巴尔玛特结伴,于当年 8 月 6 日首次登上了勃朗峰。后来,人们把 1786 年作为登山运动的诞生年,这得到国际登山界的公认,登山运动的地位得到了明显的提高。

1890 年 7 月,英国登山家马默里首创钢锥、铁索、绳结等登山工具,开创了"技术登山运动"时代,登山运动从此进入了一个新的发展阶段。1953 年 5 月 29 日,英国登山队的依·希拉里(新西兰人)和藤辛·诺尔盖(尼泊尔人,后入印度籍)从南坡登上珠穆朗玛峰,创造了历史。几年后,中国登山队许竞(队长)、王富洲等 10 名运动员成功地登上海拔 8 012 米的世界第十四高峰——希夏邦玛峰,创造了一次 10 名队员集体登上 8 000 米以上高峰的世界纪录。20 世纪 80 年代,各国登山队在攀登 8 000 米以上高峰的活动中,连创奇迹。登山家们先后突破了喜马拉雅山区的严冬季节禁区、路线禁区,登山过程中还出现了高水平的高山纵走(沿着一条山脊上山,连续登上在同一条山脊上的两座或两座以上的山峰的登山活动)的攀登方式。在这一时期,各个国家的登山水平都获得了极大的提高,登山运动发展迅速。

发展到现在,登山运动以其刺激性和挑战性的特点深受热爱运动的青少年的欢迎和喜爱,随着登山装备及登山技术的进一步发展,登山运动也进入快速发展的时期。

(二)登山运动的健身价值

(1)极佳的空气浴场。不必花钱,不必寻找,山野就是一个巨大的空气浴场。做一做空气浴,不仅可以提高身体对外界的适应能力,还可以改善血液循环。

(2)有氧耐力训练。长期根据自己的身体特征进行身体锻炼,可以锻炼有氧耐力,有氧耐力是人们生命活动中重要的运动能力。有氧耐力是指心血管耐力,也是人们长时间维持有氧运动的能力。在人的运动能力中,有氧耐力与人的健康关系最重要。

生命活动最基本的功能是心肺功能,有氧耐力运动对此有积极的影响。有氧运动时,参加血液循环的血量增加,从而使心脏充盈,使心脏每搏动 1 次向大动脉输出的血量增加,每分钟射出的血量也随之增加,这对维持心脏的正常工作和生命活动很有利,对预防中老年人的心血管疾病也有直接的作用。同时还能保持老年人旺盛的精力,达到延缓衰老的目的。

（3）促进毛细血管功能的发展。肌肉运动有发挥爆发力的无氧运动和发挥持续力的有氧运动。登山是持续力较大的有氧运动,要求运动者在登山过程中以愉快为适宜度。这样即便疲劳也只要几分钟的休息就可恢复登山的状态,这样的运动持续下去,是恢复血管于柔软状态的最佳运动。在登山时,我们还会感觉到像是"换血"一样的舒适。这是由于缓慢送出去的血液会达到身体的各个角落,并给肌肉的末梢毛细血管输入氧气,促进毛细血管功能的发挥。

（4）减肥。现代人可以说是到了"见胖色变"的地步。因为肥胖可以直接或间接地引起冠状动脉硬化、高血压、糖尿病、脂肪肝、胆结石、乳腺癌等疾病。世界卫生组织肥胖特别工作小组公布的调查显示,肥胖可以合并大约30多种疾病,所以利用减肥来预防疾病引起人们极大的关注。

登山是很好的减肥方式,能提高肢体的运动能力,改善人体的协调性、灵敏性和平衡性,登山者的肌肉特别是下肢肌肉结实而发达。因此,登山带来的好处是疾病的减少,疾病的发展和蔓延得以一定的控制。

（5）脑力劳动者的身体"修护场"。随着工业化进程的加快,越来越多的工作需要脑力劳动者承担。一定程度的脑力劳动有利于身心健康,但如果长期伏案工作,人们除了动脑、动手之外,身体的其他部位极少活动,这样就对健康十分不利。长时间低头伏案,会使输送到脑部的血液受到限制,导致氧及养料的不足,头昏脑胀。长时间低头伏案使胸部得不到充分的伸展,这样肺活量就会变小,影响机体内氧和二氧化碳的充分交换,从而使心脏得不到很好的锻炼,心肌的收缩能力减弱,新陈代谢缓慢。另外长期伏案工作还有可能引发肌肉松弛无力、下肢浮肿、便秘、胃下垂、神经衰弱等病状。所以工作之余进行锻炼能促进全身的血液循环,改善大脑的营养状况,增强脑细胞的活力,使大脑的生理功能得到发展。对于脑力劳动者来说,郊游登山显得重要。

二、登山运动训练

登山需要一些基本技巧,并且在使用这些技巧之前需经过学习和练习。在这里会介绍一些基本知识和入门训练。

（一）登山运动对身心的要求

不同的地理环境、运动强度、技术难度带来的危险度各不相同，登山运动特别是野外登山运动过程中会出现诸多不可控因素，这对参与者的身体素质、心理素质有一定的要求。凡有心、脑病史的人不宜参加此项运动，所有参与者在进行登山活动前应做好以下三点。

1. 了解自己的身体

准备或正在进行登山的人对自己的身体状况要有清晰的了解和客观的认识：自己的身体有什么样的疾病，是否适合登山；自己的体质是弱还是强，对登山这种运动是否能承受，或承受限度到底是多少；在登山前身体疲惫情况如何，是不是在登山前几天参加过其他活动量大的运动等。自己制订的运动计划，要根据身体的实际情况去执行。因为对于登山这项运动来说，计划是死的，而人是活的。如果身体不适，就一定要改期，绝对不可以勉强。

2. 必要的心理准备

身体状态很重要，心态也不可忽视。登山者的头脑应该是清醒的，心态也应该是乐观、从容、平和、稳定的。过度的自信和过度的自卑都会产生不好的效果。过度自信易导致头脑发热、盲目乐观，从而产生"众山皆小我独大"的想法。要知道，尊重自然规律，就是尊重自己的生命和健康。"征服"固然能令人有成就感，但能根据具体情形来判断上下、进退的人才是最聪明的人。在登山中，往往知难而退比盲目前进要明智得多。过度的自卑也不好，往往不能坚持，总觉得自己不行，还没开始就打退堂鼓。其实，看看我们许多登山者的例子就会明白，只要切合实际，方法得当，登山一定会成功。

另外要有"可能发生意外"的思想准备。因为在山路上也许会被树枝绊倒，或者不小心摔下山，或被虫、蛇咬伤，或在山间突发急性胃炎、盲肠炎……要提前思考如何应对可能发生的意外。当然，也不能想得太细或太严重，否则，还未上山就已被这些"如果"搞得筋疲力尽。这时候就需要自信了。不过，对于初次登山的人来说，还是应以谨慎的态度登山为好，并且第一次要攀登离家（宿舍）最近的较低的山。登山，实际上也是对自己的一种挑战。

3. 身体检查

在准备进行野外登山运动的前 1 个月或更长时间应进行身体检查，在出发前 1 周还应该进行复查，确保每一次野外登山时的身体健康。

如果到遥远、陌生的地方进行野外登山运动，至少应提前半年咨询当地卫生检疫部门，了解当地多发疾病情况，酌情接种相关疫苗。

（二）登山运动技能训练

登山是朝着目标山峰一步一步地行进和攀登的过程，从登山的整个过程来看，在登山实践中，可分为行军、休息（短时）和露营（长时）三大部分。

1. 行军

（1）行军原则

①必须了解山区的地理和气候状况。这样可节省体力，提高行进的速度，也可防止迷失方向。

②坚持走纵不走横、走梁不走沟的原则。如果不得不越野，应尽量选择在干燥的高处行进，一定要避免在洼地行走。主要原因有两方面：一方面这样的地方视野良好，有助于进行瞭望；另一方面通风、干燥的地方，虫害以及杂草较少，更利于行进。

③在行走时，要注意行进的速度和节奏。行走要以呼吸为节拍，不能使步调太快，否则容易产生疲惫。如果出现呼吸急促，无法喘气等情况，那就应该适时休息，将脚步放慢，调整呼吸。谨记无论下山还是上山，行进的速度要因人而异，太快或太慢都会造成疲劳。

④大步走可以节省很多体力。在前进过程中最好身体前倾，弯腰，脚掌着地，切勿用脚尖行走，身体的重心要随着脚落地而左右摇晃。同时注意，不要因为踩到滚石而造成危险。

⑤要合理分配体力。在行军过程中，体力分配通常是登山时用 1/3，下山用 1/3，留下 1/3 余力。因为只有这样才能保持精力旺盛，并在持续行走时少发生意外事故。

⑥行军组队要合理。在行军时通常要采用一定的组队方式。走在最前面的是富有经验的领队，领队应准确掌握队伍的步调和路线，率领队伍按照计划前进。第 2、3 位置是组队行军时的最佳位置，应让给缺乏

经验的、体力较弱或负荷较重的队员。领队应掌握全队。如果队伍人数较多，可编成多个 5~6 人一组的小队。小队的组编，应以不影响到达目的地后的帐篷搭设、营地建设和炊事工作为原则。

（2）步行技术

步行技术很重要。熟练的登山者有其独特的步行技术：保持身体平衡，步伐节奏适中，随时调节呼吸。

①上山步行法。上山步行法与平地步行法基本上没有太大的区别，但上山比走平地耗费体力。因此，需考虑各种条件，如登山者自身的体能素质、天气状况、团队器械状况等。

刚开始登高时，要注意的是步伐不要太快。对于不习惯走山路的人来说，正确的行进姿势是将脚适度地抬起，以更好地节省体力，保持手臂摆动平衡，调整呼吸，不紧不慢地向上行进。

②下山步行法。下山时使用的能量较少，几乎和平地行走差不多。但是，下山发生意外的概率比上山时要大。行走时应随时看清前面路的状况，判断好脚部踩踏的位置。切勿一味地向下冲，因为一味地向下冲不仅容易滑倒，脚跟和膝关节也容易疼痛。下山时越是陡坡越要慢行。

③山脉棱线步行法。一般来说登山过程中大多时候走的是山脉棱线，这是登山活动中最常见的路线。但山的棱线有各种不同的形态。有不长一草一木的岩石构成的棱线，也有被茂密的原始森林掩盖的棱线。一般山的棱线上都有小径，如果没有，就说明从未有人登过这座山。

如果走棱线迷路，且在晚上，一定要谨慎小心。此外，雾气较大的情况下也要沉着，认真观察四周有无危险，防止因为走错路而消耗过多的体力。

（3）穿林技术

登山者穿过丛林时，应特别注意两点：方向和联系。在穿越山林时，最好请当地经验丰富的人指导，同时带上指南针。还应携带简易的无线电通信设备，加强通信联络工作。另外，不要把登山队伍拉得太长、太涣散，以免和指挥中心失去联系。

个人在穿林和通过高草时，为减少植物的刺伤和蚊虫叮咬，最好穿长袖长裤。如果通过一些藤条交织的地点，则一般需要砍刀的辅助。草深而密的茅草丛地，用刀开路的方法是："不过头，两边分，从中走；不见天，吹个洞，往里钻。"

2. 休息

休息是为了缓解疲劳,同时也是为了进行行装调整、喝水甚至是进餐。

登山者可以进行休息。休息可以分为以下三种。

（1）短时间的休息

在行进了 20~30 分钟后可以进行第一次休息,调整、增减衣物等。之后每当行进时间达到 50~60 分钟时可以进行一次休息,休息时间为 5~10 分钟。休息时要充分放松。

（2）短暂的休息

为了调整呼吸,缓解疲惫同时恢复体力,登山的过程中需要进行短暂的休息。可以手拄登山杖、弯曲上身,将上体重心移到登山杖上,这样可使肩部和腰部得到暂时的放松。但一定要注意拄稳登山杖,不能打滑,否则不安全。

（3）较长时间的休息

为了恢复体力以及补充能量,行进途中常会进行较长时间的休息。可以利用这段时间先活动活动身体,身体舒展之后再继续其他项目,如吃饭等。吃饭最好分多次完成,以保障消化功能不会受到影响。同时要注意补充糖分。最好选择安全并且风景好的地点进行休息。垃圾要随时集中起来进行处理,防止污染环境。

3. 露营

（1）选择一个适合扎营的地方,地势平坦宽阔即可。扎营地的选择最好满足这几个条件：附近有"防护墙",如树、岩壁等,可以挡风挡雨用；附近有水源；附近最好能找到干树枝,方便生火。

（2）要带足露营必需品。充足的食物和水是必需的,它能满足人体运动所需。尽量带含糖量很高的食物,比如糖、巧克力、鱿鱼丝、葡萄干等。

（3）要维持正常体温。除了带足够的衣服和睡袋帐篷外,还要带上防潮垫,防潮垫能起到很好的保温作用。还可以带少量汽油和打火机,便于夜里生火用。另外,还可以带上急救包或急救垫,以防运动损伤。

第二节　攀岩运动的开展与训练

攀岩运动是集探险、竞技、健身、娱乐于一身,融力量、勇气、智慧、美感于一身,既惊险刺激,又比较安全的大众化体育项目。

一、攀岩运动概述

（一）攀岩运动的分类

攀岩运动类型丰富,可以从攀登方式、保护方式、比赛项目、岩壁大小这几个方面对其进行分类。

1.按攀登方式分类

（1）自由攀登

自由攀登是指不借助任何器械的力量,完全靠攀登者的自身力量攀登。这种形式的攀登在我国占主要地位,主要检验攀登者在技巧、速度等方面的综合能力。自由攀登又可分为运动攀登和传统攀登。

①运动攀登是指保护支点都已经事先用锚栓打好的攀登。这些锚栓的距离配置均匀,不会让攀登者的坠落距离过长。锚栓通常都是路线开发者从路线上方垂降下来时打进岩壁的。天然岩场用锚栓架设的路线,以及人工岩场中可供先锋攀登者攀登的路线,都属于运动攀登路线。运动攀登基本上除去了传统攀登需要自己置放保护支点的这一部分。设置良好的运动攀登在安全性上比传统攀登强了很多。因此运动攀登者可以专注于攀登本身,以磨炼攀爬的动作、技巧、强度等。运动攀登因把攀登从活动变成运动而得名。因为需要的装备较少,需要冒的风险远比传统攀登低,所以运动攀登是现在许多人学习攀登技能的入门项目。

②传统攀登是指在预先没有设置任何人为保护措施的线路上攀登。领攀者在攀登过程中根据线路特点,凭借经验,选用合适的装备临时设置保护措施。跟攀者会收取领攀者设置在线路上的保护装备,从而使整

个攀登过程不留下任何装备,不破坏任何岩壁表面。所以,传统攀登被认为是绿色攀登。不过,这种攀登危险性较大,需要攀登者具备丰富的器械使用经验和攀登经验。

（2）器械攀登

器械攀登是指可以借助器械的攀登。这种攀登形式主要用于大岩壁攀登和自然岩壁攀登线路开发,需要攀登者具备丰富的器械使用经验和攀登经验。

2. 按保护方式分类

（1）顶绳攀登

顶绳攀登是指保护点设在线路顶部的攀登,适用于角度小于120度的攀登线路。

（2）先锋攀登

先锋攀登是指保护点用膨胀钉和挂片器材预先设置在攀登线路沿线的攀登。这种形式可能会使攀登者发生冲坠,相对顶绳攀登较为危险,一般适用于大仰角(大于90度)线路的攀登。

3. 按比赛项目分类

按比赛项目可以分为难度赛、速度赛、抱石赛三种。

4. 按岩壁大小分类

（1）单段路线

单段路线:岩壁一般低于25米,一条50米的主绳可以保证攀登者到顶并返回地面,人工岩壁路线多为此类。

（2）多段路线

多段路线:当岩壁高于25米时,一般一条50米的主绳长度就不够了,这时路线会被划分成数小段。在接力组大岩壁攀爬中,每段路线长度在50米以内。攀登者完成一段后,架设保护点,保护第二人到达同样高度,这样主绳也被带到了此处,此时可以进行下一段的攀登。攀登到顶后,下降也需分段进行。

(二)攀岩运动的场地

攀岩的场地主要分为自然岩壁、人工岩壁。

1. 自然岩壁攀登

自然岩壁攀登是指在自然环境中形成的岩壁上攀登。进行这种攀岩运动一般需要前期清理和开发攀登线路。

优点：能充分接近、融入自然；岩壁角度、石质的多样性使攀登路线千变万化，攀登者可不断发现新线路，有机会攀登多段线路，过程更具挑战性。

缺点：危险性较大，受气候影响较大，场地多地处偏僻，交通不便，时间和金钱花费都较大。

2. 人工岩壁攀登

人工岩壁攀登是指在人工设计、建造的岩壁上攀登，其场地主要包括室内攀岩馆和室外攀岩场。在 20 世纪 80 年代，人工岩壁攀登得到了广泛的发展，几乎遍布世界各地。人工岩壁攀登装置的发展能够让更多的攀岩者参与到这项运动中，不受时间和地点的限制。人们随时随地都可以参加攀岩运动，即便是生活在攀岩地理条件匮乏地区的攀岩爱好者，也能够更便捷地享受到攀岩的乐趣。人工岩壁攀登装置的普及极大地促进了攀岩运动的普及与发展，使这项运动的场地从户外、自然环境，逐渐扩展到城市的任何地点。随着体育馆和运动中心纷纷设立人造攀岩墙，攀岩运动也变得和其他运动一样普及。

优点：安全性高，不可预见因素少，人员密集，便于交流切磋，全年皆可进行运动，室内、室外皆可安装，几乎不受天气影响，即使在没有天然岩场的地区，亦可享受攀岩带来的乐趣。

缺点：岩壁造型相对固定，缺少特殊地形，创意性差，自由发挥余地小；支点的可变性使得人工岩壁路线经常变化，定级主观性更强，准确度偏低。

（三）攀岩运动的特点

1. 攀岩的场地与运动形式的特殊性

攀岩的场地和运动形式不同于其他传统体育运动项目的场地和运动形式。攀岩场地主要是由岩石所组成的悬崖、峭壁、裂缝、岩面、大圆石以及人工岩壁等，岩面大都具有一定的仰角或俯角，且岩壁的造型及岩石的形状亦千变万化,从而形成了攀岩运动形式的多样性、高空作业的非常规性和技术操作的复杂性。攀岩运动要求攀爬者协调全身各部位,依靠自身手脚的力量,克服自身的重力及岩壁的重重障碍,控制身体平衡,攀爬悬崖峭壁或人工岩壁。

2.攀岩运动的普及性

攀岩运动是一项大众体育项目。无论初学者还是攀岩高手,只要喜欢挑战自我,只要拥有一双攀岩鞋、一副安全带和一个粉(碳酸镁)包,就可以加入其中,享受攀岩带来的快乐体验。人们可以根据不同的年龄、性别、身体条件及训练水平,因人、因地制宜地设计出不同难度的攀登线路进行练习,以达到促进健康、增强体质和休闲娱乐的目的。

3.攀岩运动的健身性

体育锻炼,可增强体质,促进人自由、全面地发展。攀岩运动可以全面、协调地增强运动者的身体素质,改善和提高其中枢神经系统的工作能力,提高其机体的适应能力和免疫能力。参加攀岩可以使运动者上肢、下肢和躯干的力量素质得到平衡发展,使其爆发力和耐力得以增强,还能够使其身体的柔韧性、协调性和灵敏性得到锻炼。

4.攀岩运动的新颖性

以健康环保、寻求刺激和挑战极限为特色的攀岩运动迎合了现代人崇尚自由、肯定自我的基本愿望。由于攀岩运动方式多种多样,从攀岩中能够获得同伴们最大程度的支持和肯定,所以它备受青少年的关注和喜爱。我国拥有世界上最为丰富的山峰资源和岩壁资源,这使得人们在进行攀岩运动时,可以不断地挑战新的岩壁,给予自己不断挑战自我、突破自我的机会。

5.攀岩运动的危险性

最早攀岩是一种人类探索自然的行为,受自然环境、气候条件和装备器材等因素的影响和制约,其危险性是不言而喻的。这种危险性还源于它是一项在高空开展的运动:运动者只要离开岩壁,就有脱落的可能。因此,要求每个参与者在思想上有足够的认识,并通过不断实践,掌握先进技术,积累各方面的经验。

6. 攀岩运动的挑战性

攀岩作为一项极限运动,对人的身体、心理都极具挑战性。攀登者对线路的长度、难度及单位时间内完成的距离(即速度)不断地发起挑战,每次攀登都是不断地挑战困难并战胜困难的过程。这充分体现出人与自然的和谐,展示了人类的力量、勇气与智慧。

攀岩正以其特有的魅力、突出的个性感染着人们。参与攀岩会让人在与悬崖峭壁的抗衡中学会坚强,在与大山的拥抱中感受宽容,在征服攀登路线后享受成功与胜利的喜悦。

二、攀岩运动训练

由于技术、经验及心理等多方面的因素,初学者刚涉足攀岩时,很容易疲劳,这并不代表其身体素质不好或力量不够,而是因为技术还不够熟练。一开始应该注意手脚的配合,全身的协调,提高身体的平衡能力、灵巧性和柔韧性等。然后学会用脚来支撑自己的身体。最后,完善技术。注意,有效的休息也是攀登过程的关键。

攀岩很容易被人当成是主要凭借上肢力量的运动,其实并不是这样。优秀的攀岩者可以很好地利用腿部力量,发挥脚的作用,并不时调节身体的姿势,使手臂有机会伸直,避免因长时间弯曲而造成的力竭。当手点较大时可以进行休息,放直手臂,降低重心,直立或采取下蹲的姿势,让双脚承担大部分体重,使上肢得到放松。要注意的是,休息时两脚点间距不要过大,否则不利于下一步的动作,还可能失去平衡。但也不能过近,否则不能得到充分的休息,而且会导致移动范围变小。手点的高度最好在头部附近,太高或者太低都不利于身体的舒展。

(一)攀岩运动的装备及使用方法

攀岩无极限,运动者可在几米高的岩壁上攀登,也可在几百乃至上千米高的峭壁上攀登。和其他户外运动相比,攀岩是一项具有危险性的运动。攀岩者不仅需要选择合适的装备,还需要掌握和运用相关知识。装备是否合格直接关系攀登者的生命安全,在购买和选用时一定要谨慎。装备须符合中华人民共和国国家标准(GB)或欧洲安全标准(CE),或者通过国际攀登联合会(UIAA)测试。此外,还需要正确地使用装备,规范地进行技术操作,合理有效地进行攀登以及使用后要正确地保养、存放装备等,这样才能保障从事攀岩运动的安全。

1. 绳索

绳索是攀岩一系列保护装置中最重要的装备。绳索连接着腰带、保护器以及制动系统,它直接关系着攀登者的生命安全。因此,在使用绳索的时候,需要特别注意,小心避免绳索下滑、卡住(如卡在棱角)或在岩石上承受巨大的摩擦力。自20世纪60年代开始,随着复合塑料的出现,攀岩绳一般都采用尼龙编织材料制成。这种材料具有较大的强度,同时能减小绳索自身的质量,并具有一定的弹性,能够在一定程度上降低下降过程中的冲击力。

购买绳索时,绳索末端会标明这条绳索是可以单独使用的单绳(以数字"1"标记),需要两条一起使用但是扣进不同的保护支点的双绳(以"1/2"标记),还是两条一起使用但是需要同时扣进同一个保护支点的加强绳(以"8"标记)。

绳子一般分为动力绳、静力绳和辅绳三类。

(1)动力绳

动力绳一般分为单股绳索(简称单绳)、双股绳索(简称双绳)和加强绳索。单绳最常见于运动攀登,用于可能会产生冲坠的各种攀岩。双绳常用于攀冰、大岩壁攀岩、器械攀岩、结组攀岩等。使用双绳可有效降低因路线改变而产生的绳索摩擦,使攀岩更加安全。攀岩时两根绳必须同时使用,两根绳可轮流挂入不同保护点。加强绳索与双绳类似,但要同时通过一个保护点,所以更安全。它多用于易产生较大摩擦的自然岩壁,而且其单绳的质量也是最小的。使用加强绳索时任何情况下必须两根绳同时使用,且必须将两根绳子同时挂入每个保护点。

(2)静力绳

静力绳由多种颜色纤维组成,其中有一种为主色,其覆盖率达到80%。目前使用较多的主色为白色、黑色、红色等。这种绳在人的体重作用下大概只会伸长2%,多用于下降及无冲坠状态下的操作,如下降、探洞、救援等。

(3)辅绳

辅绳直径多为5毫米,其拉力因不同直径而异,多用于攀岩中的辅助保护,如保护站设置用绳、抓结用绳。

在常规使用的情况下,绳的两大主要敌人是化学品和光照。因此我们千万不可将绳子保存在"危险场所",如厂房、车库或车辆后备厢里。在这些"危险场所"里绳子经常会接触一些可能对其造成损害的物质(汽油、油脂、油漆、稀释剂等)。同时需要避免直接将绳子放置在有强光照射的地方。如果在很长一段时间里不打算使用绳子,最好将绳子放到专业的收纳袋或者背包中,将其缠绕整齐,防止绞在一起。

在绳子的使用寿命方面,如果保存完好,而且使用不频繁,绳子的使用寿命一般为3~5年。为了让消费者在购买的时候能够明确绳子的使用年限,各家生产厂商都会在绳芯部分使用不同的颜色,并且每年更换,以提示消费者绳子的生产日期。这些相应的信息都可以在制造商的网站上查到。考虑到易耗性,最好不要互相转借绳子。

(4)扁带

扁带多是用尼龙制成的,在保护系统中用于软性连接,也可以加长或连接各种保护设施。扁带一般按米出售,可以按照自己的需要购买。有的扁带会在工厂直接缝制成环形,这样比手工打的结更加结实,安全系数也高。攀岩时也可以将攀岩绳系成绳环来代替扁带使用,直接打一个双渔夫结即可。

(5)快挂

快挂是将扁带的两端各连接一个铁锁,分别连接绳索和保护点的装备。建议在攀岩过程中,使用铁锁形状不相同的快挂。快挂的销轴需要穿过固定点(保护片、保护环或螺栓上的吊环等),因此销轴向内弯曲的快挂更容易扣住固定点。此外,为了避免快挂在操作过程中发生旋转,我们需要使铁锁上的长轴受力。建议选择带有弹簧锁定系统的快挂。快挂上的橡胶保护套能够有效防止快挂的铁锁和岩石发生摩擦所产生的损害,因此橡胶保护套也必不可少。铁锁上的销轴可以安放在左侧或右侧,以方便拥有不同用手习惯的人使用。

(6)安全带

在需要保护的各个阶段(如下降、到达保护点以及下坠),安全带能够有效地保护攀岩者,减少其力量的消耗,并减轻其大腿和腰部的负担。因此,在选择安全带的时候,一定要选择型号合适的,将其穿戴妥当,保证整体的舒适度。

安全带是攀岩者与绳索之间的固定连接,按其结构不同分为全身式安全带和坐式安全带。

①全身式安全带。全身式安全带的应用如今较少。即便在登山运动中也很少用到。因为全身式安全带会大大地阻碍躯干的活动,这类安全带适合儿童使用,或那些身体特征不适合使用护腿式腰带的人士使用。

②坐式安全带。这是目前佩戴最为普遍的安全带,它的质量小,可以保证动作的自由度。安全带周围带有一圈装备挂绳,能保证攀岩者可以随手拿到钩子、防跌落装置等装备。如果只是偶尔使用或者想用于多项运动的话,可以选择可调节的款式,这种款式的安全带可以直接连接各种装备或下降保护装置。大多数安全带还带有一个小的背环,可以装配一个粉包。

(7)铁锁

在保护系统中铁锁起连接作用,通常与扁带、安全带、绳子直接连接。铁锁常采用铝合金材料制成,不仅质量小,而且具有很好的机械性能。铁锁的销轴部分安装了弹簧系统,可在攀岩者不对其施力的情况下自动闭合。

铁锁的质地非常坚固,在使用时必须保证沿纵向使用。铁锁的长轴能够承受更大的力,因此在使用过程中要注意防止铁锁出现横向受力的情况。因为如果受力点在铁锁的短轴上,会减少1/3的受力强度。另外,如果销轴意外开启,横向使用还可能造成致命的伤害。

铁锁可以分为两大类,一类是常规铁锁(也称普通锁),另外一类为安全铁锁(也称丝扣锁),后者的销轴部分经过特殊设计,可以防止意外开启。

普通锁:用于临时保护点的连接。

丝扣锁:用于相对永久的保护点连接,如保护站与主绳的连接点。丝扣锁在使用过程中要拧紧丝扣。

铁锁的强度数值通常会直接刻印在铁上。例如,x(长轴):23kN;y(短轴):10kN;z(销轴开启时):9.5kN。

(8)上升器

上升器是在单绳技术中解决向上运动的器械,在攀岩过程中能起到保护作用。按用途不同上升器分为手柄式上升器、胸式上升器、脚式上升器,其中手柄式上升器最为常用。手柄式上升器分为左手式与右手式两种,分别适合有不同用手习惯的攀岩者。后两种上升器多用于探洞运动。

（9）下降器（保护器）

下降器（保护器）利用器械与绳子产生摩擦力，使绳子因摩擦而减速以至停止滑动，最终达到减速下降或停止的目的。常用的有"8"字环、管式保护器、带自锁功能的保护器。

①"8"字环。此类制动装置的工作原理只有一个：让绳索穿过制动装置，根据不同的角度产生摩擦力，减小人体施加的力，以便控制绳索的滑动。此类绳索通常使用一根分为两股的绳索，可以在下降过程中起到保护的作用。但是下降时易缠绕，保护过程不能自锁。

②管式保护器。此类保护器是攀登者最常用的保护器，它利用摩擦控制绳索的滑动。自身质量小，双绳操作十分方便，但保护过程不能自锁。

③带自锁功能的保护器。带自锁功能的保护器有很多种，其中一种只连接一根绳索，利用凸轮挤压达到制动效果。但这种保护器在攀登中不好把握绳子松紧度，而且比较重。

④另外有一种带自锁功能的保护器利用摩擦控制绳索的滑动。这种保护器可双绳操作，结组保护时扣入铁锁，可以实现自锁。但一定要注意，结组保护时绳子如果穿错方向，就会导致自锁失败。

⑤还有一种利用摩擦控制绳索滑动的带自动功能保护器。这种保护器用于双绳保护时，两根绳子的下降速度可以不同。还可以将它固定在保护点上直接为攀登者提供保护，它具有一定的单向锁死功能。但一定要注意，结组保护时绳子如果穿错方向，会导致自锁失败。

2. 头盔

无论是攀登新开拓的路径还是既有的大路径，安全头盔都是必不可少的防护装备。在野外攀岩的时候，佩戴安全头盔可以有效避免从山上掉落下的石块对头部的伤害。如今即便在安全级别很高的攀岩场地（如攀岩学校）在攀岩时佩戴安全头盔也是十分必要的。

3. 攀岩鞋

攀岩鞋是专门用于攀岩运动的鞋，鞋底一般选用轻便、柔软、粘贴性强的橡胶制成，鞋面一般用皮革等轻便、耐磨的材料做成。攀岩鞋有助于攀岩者在岩壁上更好地运用蹬踏等技术。鞋边缘窄薄的设计让脚可以在很小的支撑点上踩稳。

攀岩鞋一般分为系带式、套脚式和黏扣式三类。

（1）系带式攀岩鞋

系带式攀岩鞋可以通过鞋带来调整鞋的松紧度,让鞋的整体与足部更加贴合,更好地为足部提供支撑。此类攀岩鞋鞋底较硬,鞋跟很厚,能够起到更好的减震作用,同时提供更好的力量支撑。鞋跟通过防护层进行加强,可以保证脚向前用力和向上攀登时受到更佳的推力。

（2）套脚式攀岩鞋

套脚式攀岩鞋穿脱快速方便,比其他攀岩鞋更加柔软灵活。其优点是可以增加攀登者在路径上的抓力,但在遇到小型抓握点的时候,需要小腿和脚部的肌肉非常用力。

（3）黏扣式攀岩鞋

黏扣式攀岩鞋穿起来更加舒适、便捷。黏扣式攀岩鞋可以在攀岩过程中随时穿脱。

4. 镁粉

镁粉(碳酸镁)与镁粉袋是辅助装备,镁粉用以吸收汗液和岩壁表面水分,以增大手与岩壁之间的摩擦力。

(二)攀岩运动的攀登方法

在攀岩过程中,手是抓住支点、维持身体平衡的关键。

1. 手法

握:通过手掌及手指用力、将手固定在支点上。

抓:拇指在一侧起辅助作用,其余四个手指的指关节正向全部放入支点。

抠:通过手指指尖(第一指关节或第一、二指关节)弯曲抓住支点。

压:用第一指关节抠挂住支点,第一、二指关节竖起,与支点开口方向垂直,拇指压住食指。

捏:大拇指和其余四指相对用力,夹住支点。

摁:靠摩擦使手掌掌面在支点上向心用力。

撑:靠摩擦使手掌掌面在支点上离心用力。

搂:屈手,并且手掌与支点接触起到固定目的。

戳:在抓握指洞造型点时,一个手指深入支点指洞内,大拇指压住其他三指。

2.脚部姿势

脚尖外侧踩点：脚的小趾用力，脚外侧贴近岩壁。

脚尖内侧踩点：脚的拇趾用力，脚内侧贴近岩壁。

踩摩擦点：在斜坡或造型板上，通过脚前掌与岩面的摩擦，踩住并固定住脚。

脚尖钩点：用脚尖钩住点，通过膝关节的向回收力，挂住身体。

脚跟挂点：将脚后跟放于点上部，挂住支点，通过挂脚，下肢向下用力，挂住身体。

脚部姿势是攀岩的所有技术中至关重要的一环。我们的脚部姿势越精确、性能发挥得越好，我们的脚趾越能够提供好的支撑力，我们的脚部也就越能更长时间地支撑身体，在一定情况下减少双臂承受的力量，此外，也利于我们应对更小的支点。脚部姿势优化是攀岩技术得到提升的重要标志。

3.身法

靠：利用能够容纳身体的造型，背部靠住一侧岩面，四肢顶住对面岩石，使身体固定和上移的动作。

跨：在"L"形造型岩壁上攀爬，左右脚分别在两个平面时使用的动作。

（三）上升和下降技术训练

1.上升技术

上升技术是各类户外运动中的一种常用技术，它是在下降技术的基础上增加了上升的操作，因此它对装备的配备及操作者的体能和技术的要求很高。上升技术包括装备的配备、保护点的设置、保护绳的固定、各种器械与保护绳的连接、上升及下降，其中装备的配备、保护点的设置、保护绳的固定及下降与下降技术相同。器械与保护绳的连接要复杂一些。上升过程中要注意上肢、下肢及腰腹力量的协调配合，要尽量使用腿部的力量。长距离的上升时，要同时用手式、胸式和脚式三种上升器及专用的安全带，

上升的操作步骤与要求：

（1）将第一个上升装置与主绳相连，使用扁带将上升装置与安全带

相连接,扁带长度略短于臂长。

（2）将第二个上升装置与主绳相连,上升装置下连接绳梯。使用扁带与安全带相连,起到安全备份作用。

（3）将第一个上升装置推到最高处,身体重力作用其上。

（4）将第二个上升装置尽量向上推。

（5）用脚蹬绳梯,将身体重心转移到第二个上升装置上。第一个上升装置处于卸力状态。

（6）使用第二个上升装置上连接的绳梯,将身体尽量蹬起。

2. 下降技术

（1）三点固定下降法。三点固定下降法是攀岩运动下降技术的基本方法,其所用工具简单,便于攀登者使用。在攀岩过程中会形成人体用力的四个支撑点,用三点固定下降法下降时轮流使用其中三个点附着于岩壁,另一点移动下降。这种下降方法比三点固定攀登更加困难,因此一定要设上方固定保护设施。

（2）利用器械下降。利用器械下降是最常用的一种方法,其原理是利用主绳同连接于身体上的一定器械之间的摩擦,减缓并控制下滑速度达到下降目的。

将主绳一端在峭壁顶部固定,另一端抛至下方,下降者在腰部系好安全带,腹前挂好铁锁,然后主绳按“8”字形缠绕于下降器上,再将下降器和铁锁连接,左手握住主绳上端,右手在胯后紧握从下降器穿绕出来的主绳。

面向岩壁,两腿分开与崖棱约成80度,蹬住崖棱,身体后坐,使躯干与下肢约成100度,将上方主绳搭于崖棱上之后,便可开始下降。

下降动作要领:下降时两腿分开,手拉紧主绳,并将左手上方的绳子搭于崖棱上,左右脚上下支撑,用前脚掌蹬住岩壁,开始下降,先臀部后坐,同时右手松绳,两脚随身体的下降而迅速地向下移步,使之始终保持身体的平衡。如果右手松绳时臀前坐,而两脚仍停留不动,那么会有身体失去平衡而向后翻倒的危险。

此外还要注意,右手松绳,两脚随身体重心的下移时要及时向下倒脚。此时,支撑身体维持平衡是顺利下降的关键。右手松绳两脚迅速向下移动时,要手脚协调配合,并要有节奏。两脚呈上下支撑时,身体可向右侧倾斜,这样不但便于移动,且便于观察下降路线。下降速度的快慢主要看右手松送绳的多少,多给绳,下降速度也就更快,就要快倒脚。如果要停止下降,右手只要将主绳拉紧使之制动,即刻就可停下来。

初学者想要尽快掌握下降动作,可增加抓结装置,即用辅助绳上端在主绳上(左握端)打抓结,另一端固定于腹前安全带上,打抓结的距离约等于臂长。在下降时,左下移的同时也将抓结挳下,这样一旦由于紧张右手松开下端的主绳时,抓结就可牢牢地抓住从而起到保护作用,防止身体滑脱。

(四)保护技术训练

在攀岩过程中,由于各种原因攀登者可能会有脱落危险。这时,合理采取防护措施可以防止事故的发生,保证攀登者的安全。保障攀登者的安全,是攀登活动的组织与参与者共同的职责。

攀岩一般难度系数大,具有惊险性、独特性,在攀登过程中,经常出现跌落、摔倒、脱手等现象。攀登者发生危险时,保护技术的合理应用可以及时给予保护与帮助,使他们摆脱危险的困境。熟练地掌握和运用保护技术是一项重要的安全措施。另外,在教学和训练过程中,正确地运用保护技术,有助于减轻学生的身体负担,消除顾虑,增强学习信心,便于尽快地建立攀登技术动作概念,掌握攀登动作技术要领和提高攀登动作质量。

有绳保护是指在攀岩过程中,运用绳子、铁锁等专业器材保证攀登者安全的保护方式。有绳保护分为下方固定保护和上方固定保护。

无绳保护是指攀岩过程中,用海绵垫、气垫等设备保证攀登者安全的保护方式。在攀岩的过程中,攀登者应不断地积累攀登、保护等各方面的实践经验,并有针对性地培养对可能发生的任何危险情形的预见能力和判断力。

第三节 山地自行车运动的开展与训练

一、山地自行车项目概述

山地自行车运动集力量、速度、耐力、技术于一体,是人与车结合的半机械运动项目,对运动员的综合能力要求极高。项目特点要求运动员不但要有极强的耐力基础,保证持续 1 小时 45 分钟到 2 小时的长时间高速运动的能力,还要具备一定的上肢、躯干、下肢以及全身关节的灵活性和强大的肌肉力量。因为只有这样才能保证高速上下坡操车的稳定。就项目而言其具有长时间、高强度、人车结合半机械做功的特点。这项运动要求通过踏蹬节奏、呼吸节奏、操车技术、快频率传动的合理应用,把人体的踏蹬能力转变为机械做功。更加省力、省消耗地达到极限速度,争取更好的运动结果,是每个山地自行车运动者追求的目标。

二、山地自行车运动训练

山地自行车运动者的能力主要在于持续爬坡的能力、连续变速的能力和高速状态下操车的能力。因而,运动者训练的主要内容一般包括力量素质的训练、速度素质的训练和专项技术的训练。

(一)力量素质的训练

力量素质体现在最大力量、快速力量和力量耐力三个方面。在山地自行车运动中,力量训练以力量耐力为主,训练的安排应是全年的、系统性的。训练的方法非常重要,采用蹲起或是踏蹬动作更为合适。另外,多肌群的训练比单纯负重训练更为重要,而无负重训练比器械训练更有利于肌群平衡发展和协调配合。力量训练中对躯体上部的训练也不容忽视,上肢力量、腰背力量关系到运动者拉把动作和踏蹬动作的相互协调。上坡时,运动者施加在踏板上的力比平坦地带骑行时要高出15%~20%,上坡时对腿部力量、上肢和躯干的力量要求也更高。

力量耐力训练应该采用循序渐进的方式进行。阻力一定要达到足以给予肌肉组织充分的刺激,并能引起适应性变化的程度。在专项训练中一般采用爬坡训练力量,但也不能忽视平道练习和功率车的练习。

(二)速度素质的训练

山地自行车的速度训练主要围绕起动、冲刺来进行。训练一般分为短跑训练和专项速度训练。短跑训练可参照田径运动员速度训练法,如:加速跑(距离 80~100 米,重复 6 次,在最后 10~5 米达到最快速度);系列重复加速跑(距离 60 米,奔跑时速度按 80%—90%—95%—100%

的模式逐渐提高,分 2 组重复练习,每组重复 4 次 60 米加速跑,每次跑后休息 3 分钟,每组间歇 5 分钟)。专项速度训练通常为低氧无乳酸训练。采用方法:(1)在平坦路面原地起动,然后加速,距离 30~50 米;(2)拟照比赛场景,每次训练剩最后 500~1000 米时全力冲刺;(3)15~45 分钟的高强度训练,强度为心率达到最大值的 81%~90%(例:2×15 分钟骑行练习;2×20 分钟骑行练习;1×45 分钟骑行练习)。

(三)山地车专项技术的训练

山地自行车专项技术提高通过动力技术结构的优化、技术实效性的优化、技术协调性的优化、能量节省化程度的提高来实现。

影响骑行速度的因素是多方面的。在运动过程中传动系统的灵活应用,刹车的应用,上下坡路线的选择,上下坡重心的调节都非常重要。平道和上坡、上坡和下坡、弯道和直道以及各个小路线的技术衔接同样非常重要。自行车本身的性能、车座的舒适程度,比赛服的材料以及运动者自身的一些习惯等也都是不可忽视的细节。及时改进不正确的姿势,将座椅调节到最合适的位置,根据运动者的体能数据,激发他们未发挥出的潜能等方方面面贯穿于各技术环节。比如有的运动者车座调得太低,导致骑行中背部负荷过大,加重疲劳,此时调整车座可使整个脊椎的受力更加合理;还有的运动者骑行中重心偏向一侧,导致背部和一侧腿疼痛,这种情况下应为他调整卡式锁鞋的着力点,帮助他保持骑行时脊椎正直,再将座椅升高 1 厘米,这样能让他的头部和背部夹角扩大,在骑行时呼吸更顺畅,肩颈部位更加轻松。有些优秀运动者确实具备先天的身体素质优势,速度和灵活性都很突出,双腿的力量均,骑行重心接近理想状态,需要改变的可能只是在鞋内置气垫,调整脚掌着力角度,以便在高强度运动中更好地保护膝关节。

在自行车项目中呼吸节奏和踏蹬节奏二者联系紧密,呼吸节奏影响着运动者的踏蹬节奏。短距离项目和长距离项目的呼吸节奏和踏蹬节奏不同。有些运动者在冲刺对抗时,会自然加快呼吸节奏,忽视呼吸与踏蹬的配合,运动者此时耳边呼呼生风的感觉很好,但由于踏蹬节奏跟不上反而影响了直线行驶的速度。此外,如果参加赛事的话,山地自行车的比赛要进行 2 个小时,因此处理好单圈和全程呼吸节奏,合理分配好全程体力是至关重要的。

第六章

水上户外运动的科学开展与训练

凡是在水上进行的体育项目都可以被称为水上运动。人类从徒手戏水征服自然，到利用其他各种工具、新发明的装备器械等等从事水上活动的过程证明，我们从未停止探索的脚步。人类用创造力和想象力不断地推进水上体育事业的发展，发明了一系列丰富的水上运动项目，如跳水、水球、游泳、龙舟、赛艇、皮划艇、帆船、帆板、潜水、摩托艇、滑水等，令当今的水上运动发展势头强劲。其中游泳、跳水、帆船、赛艇等水上运动都是非常重要的竞技体育项目，每年在世界各地都有盛大的相关赛事举办，在全球拥有大量的职业运动员以及业余爱好者，其影响力不容忽视。

现代的水上运动融合了很多科技成分，一项水上运动往往可以体现出运动者的运动技能水平和当时的科技水平。近些年来，我国大力发展水上运动，为提高全民身体素质和运动水平做出了很多努力。同时，因为水上运动集运动竞赛和科学技术于一体，具有强烈的自身特点，所以一直都受到青年人的青睐，也正因为此水上运动为我国发展体育强国战略提供了大量的人才储备。

本章主要介绍水上运动的户外项目，包括：公开水域游泳的开展与训练、赛艇运动的开展与训练、帆船运动的开展与训练、帆板运动的开展与训练、冲浪运动的开展与训练。

第一节　公开水域游泳的开展与训练

一、公开水域游泳概述

公开水域游泳是指在江、河、湖、海等自然水域中游泳。按天然条件决定游泳的距离,使公开水域游泳充满挑战和趣味性,广受人们喜爱。公开水域游泳的一些相关比赛也已发展为世界性的游泳比赛项目,比如,2008 年被列入奥运项目的公开水域 10 公里马拉松游泳比赛。

公开水域游泳由于是在自然环境的水域中进行的,其参与者能体会到自然的水温以及新鲜的空气。公开水域游泳是集日光浴、空气浴、水浴为一体的自然浴,它有利于增强体力和免疫力。公开水域游泳还有助于培养人的性格,使人由含蓄、内敛、表现欲不强,向相对开放、活跃,具有较强的表现欲发展。公开水域游泳有利于放松身心,提高人体对外界环境的适应能力,是一项相当有效的健身运动项目。

公开水域游泳应在掌握游泳技能的基础上循序渐进地开展。它有独特的规律,必须用科学态度,根据自身状况和天气情况制订合理的游泳方案,不可蛮干,亦不可急于求成。比如,没有适应海水特点的游泳会使游泳者晕浪,突然出现憋气、心跳加速等症状,严重的还可能出现头晕、恶心、手脚发麻等现象,如果心脏有毛病,还会有致命的危险。

关于公开水域游泳,其基本游泳技术与游泳运动中的各种泳姿(蛙泳、爬泳、仰泳、蝶泳)技术是相通的,正式的公开水域游泳比赛采用自由泳姿势。作为一名健身者,参与公开水域游泳要尽可能地掌握各种泳姿技术,这样才能体会公开水域游泳的乐趣。

二、蛙泳技术训练

蛙泳是四种主要泳姿中普及度最高的泳姿,深受人们的喜爱。蛙泳相对其他姿势的游泳而言,其呼吸方式和身体的姿势、手臂和腿部的配合相对简单。从技术角度看,蛙泳可以细分出各种不同的特色技术形式的游泳。归纳起来可以大致分为两类,即平式蛙泳和波浪式蛙泳。平式蛙泳是一种比较经典的蛙泳技术,其特点是运动者在游进的过程中始终保持身体位置趋于平坦,身体起伏很小,抓住收腿时头部由于身体的前移而自然地向前上方移动的时机进行吸气。使用这种技术游泳时头部探出水面的高度很低,几乎没有抬头吸气的动作,前进的阻力很小。波浪式蛙泳的特点是换气时上半身的位置相对升高较大,几乎肩部完全露出水面,使整个身体的起伏波动增大,这也是其被称为波浪式蛙泳的原因。该技术的动作特点是上拉配合外划上收夹手动作,用力上伸头部,此时臀部和下肢的位置比平时蛙泳要明显降低,也就是说身体的上半身上拉,下半身倾斜的角度加大。使用这一技术主要是借助腰背的力量大力推进身体,以增加前进速度。波浪式蛙泳技术还可以根据细微的差别再细分出许多种技术门类,可以说波浪式蛙泳是一种个性化十足的现代蛙泳技术。但是整体而言,波浪式蛙泳是靠腰背部的核心发力以及身体较大的冲量向前,再配合强有力的下肢蹬腿动作从而使前进速度大大提升。它需要运动员具有一定的爆发力和耐力,既能保证足够的前冲力度,又能保证动作的连贯性和稳定性,同时配合呼吸、划水和流线型的滑行,这样才能使身体以较大的加速度前进。

(一)腿部技术习练

1. 勾脚、绷脚和翻脚练习

练习勾脚、绷脚和翻脚的目的是增加踝关节的灵活性,以及体会蛙泳蹬腿时脚外翻的感觉。练习方法如下:

(1)陆上练习。坐在地上,双腿伸直,双脚做勾脚和绷脚的切换练习。注意勾脚时脚尖朝上,绷脚时脚尖向前。然后在勾脚的同时做向外翻脚的练习。

(2)水中练习。身体俯卧于水面,双手抓住身边的物体或岩壁,双脚练习勾脚、绷脚和翻脚的动作。

2. 反蛙泳蹬腿练习

反蛙泳蹬腿练习是指人体仰卧于水面上,上体保持稳定,身体呈流线型,两手臂于身体两侧保持放松。每次蹬夹水结束时身体成漂浮状态,两膝不能露出水面。这个练习可以防止大腿收腿过大或错误蹬水。

3. 抬头背手练习

游泳者漂浮于水面上,头露出水面双手背手于后背,两腿做蛙泳蹬夹水动作,每次收腿结束蹬水之前,用脚碰手。由于头露出水面,腿会略微下沉,因此一次只练习一个动作,然后双腿并拢伸直稳定身体后再做下一次动作。练习这个动作有助于防止小腿或脚收回不紧凑。

4. 扶板蛙泳腿练习

(1)俯卧水中,双臂前伸扶板,注意不要向下压板,可以抬头也可以屏住呼吸低头。如果抬头则注意不宜抬得过高;如果低头闭气打水则需要注意身体稳定。无论哪种方式,都要保证蛙泳腿的收、翻、蹬、夹、停动作准确到位。

(2)在上述练习的基础上结合呼吸进行练习。开始收腿时抬头吸气,收腿结束蹬夹腿时低头缓慢呼气。注意抬头时不要抬太高,保证嘴露出水面或者下颌贴着水面即可。

(3)在上述练习的基础上记录游25米的蹬腿次数,当每次蹬腿动作能够准确完整地完成后,练习逐渐减少蹬腿次数,找到自己的25米最少蹬腿次数,提高蹬腿效果。

5. 直立蛙泳腿踩水练习

这个练习需要在深水中进行。练习过程中可以抱一块浮板以保持身体稳定。身体直立,头露出水面,手臂自然前伸于胸前,两腿反复做向下的蛙式踩水动作。这个练习可以提高腿部力量,提高耐力。

6. 单腿轮流蛙泳蹬水练习

双手扶板俯卧于水面上,练习单腿蛙泳蹬水。用一条腿缓慢地做收腿、翻脚、蹬夹动作,用心体会每一步的动作要领,另一腿自然伸直。熟练后换另一条腿练习,两腿都熟练后加快动作。练习单腿蛙泳蹬水的主要目的是强化动作节奏,同时加强躯干和腿部的控制能力。

7. 徒手蛙泳蹬水练习

这个练习是在蛙泳蹬水技术熟练后加进呼吸技术的练习。开始时双手拇指相扣,手臂前伸,头于两臂之间没入水中,保持头与水面大约成45度角。注意脸在水下时一定要缓慢地吐出气泡。抬头、吸气并开始收腿,完成夹水蹬腿时脸没入水中缓慢吐气。

（二）手臂技术习练

1. 伸臂练习

当手臂划水至肩下时开始前伸动作。这时手臂向下向内夹水至肩下,并开始向前上方伸臂,直至双臂伸直、两手并拢。伸臂完成后,立即外划,这样可以帮助手臂克服向前的惯性,使外划动作更加轻松流畅。整个练习过程中应保持身体呈流线型,肩部放松。

2. 陆上手臂动作练习

（1）练习要领
陆上划手加呼吸练习可以帮助熟悉蛙泳划水各阶段的路线、方向和速度,体会划手和呼吸的配合。

（2）陆上蛙泳手臂练习方法
①在陆上两脚开立,身体前倾两臂前伸并拢,做蛙泳手的模仿练习。先后完成外划、内划、前伸分解练习,然后做一套完整的动作练习。
②熟练以上练习后,在外划开始时快速呼气,当内划开始时快速吸气,伸臂时开始缓慢呼气。

3. 水中手臂动作练习

（1）浅水站立静止划手练习。运动者站在齐腰深的水中,上体前倾做蛙泳手臂练习,结合呼吸,眼睛看着划手的路线。加强呼吸与手臂划水的配合。

（2）浅水行进间划手和呼吸练习。站在齐腰深的水中,开始做蛙泳划臂和呼吸配合练习,边做动作,双脚边缓慢前进。

（3）夹板划臂练习。游泳者将打水板横向夹紧于大腿内侧,吸气后平躺水面,进行蛙泳手臂和呼吸的练习动作,双腿不动,夹紧并拢。这个练习可以培养身体的平衡感,加强蛙泳手臂的划水路线记忆。

（三）手臂与腿部动作配合习练

（1）蛙泳臂腿配合的分类

蛙泳臂腿配合有三种方式，分别是连续式、滑行式和重叠式。连续式配合是指双腿并拢后手臂立刻外划。

滑行式是指蹬腿结束和手臂开始动作之间，利用短暂的间隔，运动者以流线型身体姿势滑行。好处是可以获得短暂的休息。

重叠式是指在双脚并拢之前就开始手臂外划。

选择哪种方式取决于游泳的目的。如果是健身和锻炼，那么选择滑行式显然更明智，因为每一个动作周期都能节省一点体力，这样可以让你游更长的时间或者距离，使身体的锻炼更加充分。而对于专业的竞技运动员而言，事实证明重叠式是最普遍的选择。因为除了马拉松游泳项目外，争取速度比保存体力更重要些。

（2）蛙泳臂腿配合动作要领

臂外划时腿不动，内划时收腿，手臂向前将伸直时蹬腿，蹬腿结束后手臂和腿伸直并拢，呈流线型姿势滑行。

（3）蛙泳臂腿配合练习

①陆上练习。两脚并拢站立，双臂上举保持伸直并拢，单腿站立。听口令做外划、内划、伸手、蹬腿的练习。

②陆上练习。两脚左右开立，双臂上举伸直并拢，听口令做外划、内划下蹲（收腿）、向上伸手站起（蹬腿）的练习。

③在水中蹬岸边滑行后，闭气做臂腿分解动作练习。

④在水中蹬岸边滑行后，闭气做臂腿配合的动作练习。

（四）呼吸、臂、腿的完整配合动作习练

（1）呼吸、臂、腿完整配合的要领

完整的呼吸、手臂、腿部的配合一般采用划臂1次、蹬腿1次、呼吸1次的配合方式。以吸气为例，两臂外划时腿不动，开始内划时抬头吸气，然后同时收腿和呼气。手臂前伸时蹬夹腿，臂腿伸直后作短暂的滑行。

（2）呼吸、臂、腿完整配合的练习

①保持身体的平衡，先做2次蹬腿、1次划臂、1次呼吸的配合练习。开始要做到划臂抬头时能吸到气。当熟练后，要能做到吸气充分。

②在上述练习的基础上，进一步做1次蹬腿、1次划臂、1次呼吸的

完整配合练习。

③在上述练习基础上,逐渐增长游泳距离,或者比开始练习时减少蹬腿次数(以 50 米为基准)。

三、爬泳技术训练

爬泳也称"自由泳"。爬泳具有速度快、阻力小、技术效率高等特点,是公开水域游泳比赛规则上要求的游泳姿势。

(一)腿部技术习练

1. 侧打腿练习

(1)练习目的。感受身体在水中的运动。

(2)练习方法。一侧手臂向前伸,另一侧手臂放在体侧,头稍偏向一侧,快速连续打腿。

2. 6 次腿滚动练习

(1)练习目的。提升腿部打水效率。

(2)练习方法。一侧手臂向前伸展,另一侧手臂放在体侧,身体转成侧卧,连续打腿 6 次,然后伸展的手臂做 1 次划水,放在体侧的手臂做空中移臂动作,身体向另一侧"滚动",再打腿 6 次,反复练习。注意打水时身体是侧卧姿势,面部朝下,手臂入水时,目视手背,在身体"滚"向另一侧时呼吸。

3. 蛙泳划水、爬泳打水练习

(1)练习目的。控制好身体平衡,提高在改变身体位置时打水的稳定性。

(2)练习方法。俯卧在浅水中,两臂充分前伸,低头与身体保持平行。两腿完成 6 次爬泳打水动作,然后手臂做 1 次蛙泳划水动作,同时抬头吸气。注意抬头吸气时,为防止身体下沉,要使躯干肌肉保持适度紧张,要快速有力地打水,使身体姿势保持稳定。

4. 垂直打水练习

（1）练习目的。增强打水力量，促进踝关节柔韧性的提升，提升打水技术水平。

（2）练习方法。在深水中完成垂直打水练习。两臂抱于胸前，两腿交替上下打水，打水过程中口和鼻都应该在水面上。练习过程中头部正直，背部伸展，不要向前倾。打水由髋部发力，在水的压力作用下稍屈膝，放松踝关节，打水幅度小，频率快。一次练习持续 15~30 秒，反复练习。必要时可以戴脚蹼练习，以保证头在水面上。可以将手臂向上举起或抱住头以增加练习难度。

5. 抬头打水练习

（1）练习目的。提升腰背力量和腿部打水力量。

（2）练习方法。身体在水面俯卧，手臂向前伸展，头露出水面，目视前方。两腿用较大的力交替打水，尽量打出水花，注意躯干肌肉要保持适度紧张，避免因抬头而导致身体下沉。

开始练习时每次以 15~25 米为宜，重复数次。熟练之后，练习距离和次数可逐步增加。

6. 直腿打腿练习

游泳者在上打阶段容易出现屈膝的错误，直腿打腿练习有助于纠正这一错误。练习时两腿伸直保持放松，腿上台时从髋部发力，不要屈膝，下打时自然屈腿。

（二）手臂技术习练

1. 抱水身体滚动练习

（1）练习目的。提升划水效率，提高身体滚动的熟练性。

（2）练习方法。一侧手臂划水时，另一侧手臂充分向前伸展，身体向划水臂一侧滚动，尽可能保持侧身姿势，注意划水幅度、路线要适宜，划水速度要逐渐加快，身体滚动要连贯。

2."2+3"划水练习

（1）练习目的。使练习者对抱水和推水技术动作更加熟练。

（2）练习方法。右臂做蛙泳划臂动作 2 次,幅度小一些,然后做爬泳划臂动作 3 次,接着换左臂做同样的动作,两臂交替进行练习,在抱水和加速推水的动作环节要高度集中注意力。

3.蛙自混合划手练习

（1）练习目的。使练习者对抱水和内划技术动作更加熟练。

（2）练习方法。充分伸展手臂,左臂做 3/4 蛙泳划臂动作,配合呼吸,然后做爬泳划臂动作,注意腿部打水的配合,接着换右臂做同样的动作,两臂交替练习。

4.单臂划水练习

（1）练习目的。促进划水技术水平和划水效果的提高。

（2）练习方法。一侧手臂做爬泳划水动作,另一侧手臂放在体侧。在练习过程中对划水路线和抱水、加速推水及高肘移臂等动作环节要特别注意。

5.单臂划水滚动练习

（1）练习目的。掌握好呼吸时机,使头部位置保持稳定,提高身体转动的连贯性。

（2）练习方法。一侧手臂做划水动作,另一侧手臂放在体侧,划水手臂入水时,身体顺势转动并快速转头吸气。

6.侧身划臂练习

（1）练习目的。对水下划水技术予以体会,促进推水速度和效率的提升。

（2）练习方法。一侧手臂向前伸展,另一侧手臂放在体侧。身体稍向前伸臂一侧转动,保持侧身姿势,前伸臂向后划水到大腿位置,此时要充分伸直手臂,然后再从水下向前伸到开始位置,反复练习多次。

练习者在侧身划臂练习过程中可以低头使头在水面以下,抱水要深一些,外划长一些,推水速度要快,推水时快速转头换气,划水路线尽可能成"S"形。

7. 水下爬泳练习

（1）练习目的。提高对身体姿势的控制力,体会正确的身体姿势。

（2）练习方法。在水下手臂做爬泳划水动作,从身体下方开始贴身向前移臂,手臂划水动作应准确无误;推水时要加快速度。这个练习适合放在游泳课的准备活动中或水中练习的前半程去做。

8. 3点接触练习

（1）练习目的。更好地控制身体姿势,使身体位置保持合理、稳定。

（2）练习方法。一侧手臂划水时,另一侧手臂向前伸,当划水结束时,划水手贴近臀部向前移臂至前伸臂的肘部,然后经水中向后移到大腿部,贴近大腿,之后再从大腿部开始向前经空中移臂入水,同时身体随划臂而转动。反复练习。

9. 狗刨式划水练习

（1）练习目的。该练习的特点是手臂划水后从水下移臂前伸,这有利于促进水下划水动作效果的改善与提升,使运动者对正确的划水动作予以体会,将注意力放在下划和内划上。

（2）练习方法。一侧手臂划水,另一侧手臂向前伸,身体保持流线型姿势。手臂划水时稍放慢速度,对各个环节的正确动作予以体会,内划结束后手臂从水下向前移,充分伸展,然后另一侧手臂开始按同样的方法划水。

练习过程中头在水中正常位置,不要抬头离开水面,身体始终保持流线型,注意侧向转身呼吸。

10. 长狗刨式划水练习

（1）练习目的。对完整的水下划水过程予以体会,使运动者水下划水动作更加熟练。

（2）练习方法。利用助浮器进行划水练习,使练习者在划水动作上高度集中注意力。刚开始身体俯卧在水面上,手臂充分伸直,然后右臂连贯地完成抓水、内划和上划动作,划水结束后不要向水面移臂,应在水中移臂,恢复到原来位置,再开始左臂的划水练习。两臂交替反复多次练习。

（三）配合技术习练

1. 头部升降练习

（1）练习目的。促进身体控制力的提升,保持稳定的身体位置,尤其是头部位置。

（2）练习方法。以爬泳方式正常游进,通过头部的抬或降来体会适宜的头部位置,保持稳定的身体姿势。刚开始抬头至下颌在水面上,之后慢慢低头(如低头使嘴进入水中,低头使鼻子进入水中,低头使头部位于水面水平位置)。练习时每划3次水换气1次。在任意一段距离中都可以进行此项练习。确定练习距离后,按头的位置分4小段完成,各段距离要适宜。

2. 双臂分解划水练习

（1）练习目的。体会爬泳时身体充分伸展的感觉,提升两臂协调配合的能力,掌握好两臂配合时机。

（2）练习方法。左臂向前伸展,右臂位于体侧,两腿交替上下打水。右肩在水面外,目视前下方,呼气。完成打腿6次后,两臂同时换位,左臂划水,右臂空中移臂,直到右臂前伸成流线型,左臂放在体侧。再打腿6次后,两臂再次换位,从而完成一个动作周期,反复练习。练习过程中注意呼吸的配合,为练习正确的呼吸技术,先只向一侧吸气游几次,然后向另一侧吸气游几次。最后每3个动作吸1次气。

四、仰泳技术训练

仰泳是指人在水中以仰卧姿势游泳。仰泳时,人体呈仰卧姿势,两腿上下打水,两臂轮流在体侧划水。因为仰泳时手臂是在体侧划水的,肌肉难以充分伸展,上肢力量的发挥就受到了限制,速度也因此受到影响,所以仰泳的速度明显比爬泳的速度慢,而且也不及蝶泳的速度。但仰泳的速度比蛙泳的速度快。

（一）腿部技术习练

1. 侧卧打腿练习

（1）练习目的。提高侧向打腿技术和身体转动技术。

（2）练习方法。一侧手臂水下前伸过头顶，另一侧手臂位于体侧，侧卧打腿。身体朝前伸手臂的方向转动，经过 6 次打腿、8 次打腿或是更多次打腿后，再向另外一侧转动。

可以通过变换练习形式来提高 6 次腿的动作节奏，如一侧手臂前伸过头顶，另一侧手臂位于体侧，先侧打 2 次腿，再转到另一侧，转体同时，手臂位置也随之改变。先侧向打 2 次腿，转体后打 2 次腿，最后到另一侧再打 2 次腿，这样稍延长 6 次打腿节奏。

开始练习时可以不做划手动作，只是转体时改变手臂位置。当打腿与身体转动配合熟练后，可以加上手臂划水动作。

2. 仰卧打腿练习

（1）练习目的。提高腿部耐力和力量，使身体保持水平姿势。

（2）练习方法。两臂在水下位于体侧或前伸过头顶。如果两臂在体侧，打腿的同时转动肩膀，助力身体转动，这个打腿练习较为容易，适用于仰泳初学者和打腿较差的游泳者。

手臂前伸的打腿练习较难，但是有助于很好地保持身体流线型。练习时手臂尽可能在水下前伸，手掌朝上，十指相扣。

3. "鲨鱼"式仰泳打水练习

（1）练习目的。培养运动者在手臂姿势改变时仍能保持身体平衡的能力，提高打水能力。

（2）练习方法。仰卧在水面上，两臂位于体侧，两腿交替打水。头要保持稳定，慢慢转肩，同时一侧手臂上举直到垂直于身体，以这个姿势进行打水练习。这个姿势从岸上看就像一条游动的鲨鱼露出了背鳍。注意练习时一侧肩露出水面，两腿连续有力地打水。刚开始练习时可戴脚蹼。动作熟练后，可以双臂都上举进行难度较大的练习。

4. 单臂举手打腿练习

（1）练习目的。提高腿部耐力和力量。

（2）练习方法。身体侧卧在水中，一侧手臂上举，同侧肩露出水面，另一侧手臂在水下放在体侧，身体向体侧手臂的方向转动，多次打腿后可转向异侧方向。

5. 扶板打腿练习

（1）练习目的。纠正蹬腿打水的错误动作。

（2）练习方法。纵向持板，使打水板位于大腿上方。如果大腿触碰了打水板，打水板上下起伏，说明膝盖和大腿在做蹬腿动作。正确的打腿动作是使打水板保持水平不变。

6. 顶海绵打腿练习

（1）练习目的。提高维持头部稳定的能力。

（2）练习方法。在额头上放一块海绵，前进时要小心不要让海绵掉落水中。海绵也可以用潜水环、硬币等物品替代。

7. 垂直打水练习

（1）练习目的。提升髋部发力下的打水效果，促进踝关节柔韧性的改善。

（2）练习方法。在深水中练习，身体直立，腰背部挺直，不要向前倾，两膝稍屈，放松踝关节。两臂相抱放在胸前，头在水面上保持正直（至少嘴巴和鼻子在水面上）。两腿从髋部开始发力打水，打水幅度要小，频率要快。

练习初期，如果头无法露出水面，可戴脚蹼练习，开始时每次持续30秒左右，重复练习。熟练后慢慢延长练习时间，增加练习次数，也可以将手臂上举以增加练习难度。

（二）手臂技术习练

1. 双人划水练习

（1）练习目的。正确掌握划水动作要领，及时发现错误并改正。

（2）练习方法。在浅水中呈仰卧姿势，同伴将练习者双腿抓住，使其保持稳定的水平直线姿势，练习者两臂轮流划水，将注意力集中在划水上。

2."挖沙"练习

（1）练习目的。熟练掌握高肘抱水的技巧。

（2）练习方法。仰卧在水面，手臂前伸过头，两腿轮流打水。一侧手臂划水 3 次，前 2 次划水时做抱水动作（不超过肩部），看起来像"挖沙"一样，第三次划水时手推水到最低位置，从而完全伸直手臂。3 次划水结束后，手臂还原，身体转向另一侧，另一侧手臂做同样该练习。两臂交替练习。

3.手上举划水练习

（1）练习目的。掌握高肘抱水和划水动作要领。

（2）练习方法。仰卧在水中，一侧手臂向上举起与水面垂直，另一侧手臂前伸过头，身体向前伸臂一侧稍转，伸展过头的手臂做抱水和划水动作（不过肩），头部始终保持正确位置。两臂交替练习。

4.侧身划水练习

（1）练习目的。熟练掌握加速划水的时机和技巧。

（2）练习方法。仰卧在水中，一侧手臂放在体侧，另一侧手臂前伸过头做划水动作，身体向划水臂一侧稍转动。划水时适当加快下划和外划的速度，划过大腿时完全伸展手臂，划水动作完成后，从水下移臂。

划水动作轨迹如同"S"形，为了使上划距离长一些，推水动作快一些，需要在练习中做高肘抱水动作。结束推水时如果需要换气，可将头部转向一侧来呼吸。

5.三次滚动练习

（1）练习目的。掌握身体滚动技术的动作要领。

（2）练习方法。仰卧水中，两臂放在体侧，两腿交替打水。先向右侧转身，打腿 6 次，然后身体转向另一侧（左侧），打腿 6 次。再向右转身、打腿，这次要配合手臂划水动作，打腿 6 次，左臂划水 1 次，接着身体左转，打腿 6 次，右臂划水 1 次。

练习时注意身体转动过程中肩部先出水,重复上述练习。

6. 顶点练习

(1)练习目的。熟练掌握垂直移臂的动作要领。

(2)练习方法。空中移臂时,手臂经过头部指向空中,拇指所在的最高位置就是"顶点"。在水中仰卧,两腿连续有力打水,移臂到"顶点"时再向大腿位置还原。两臂交替重复练习。每次移臂时身体顺势滚动,使肩部出水。

7. 侧卧划水练习

(1)练习目的。熟练掌握水下划水动作要领。

(2)练习方法。身体仰卧在水中,一侧手臂(划水臂)前伸过头,另一侧手臂放在体侧,身体向前伸臂一侧转动。前伸过头的手臂向下、向外划水,划水结束时抓水。第一次上划时,身体一直是侧卧的,最后两个划水动作完成后,身体转向对侧。划水结束后,划水臂收回体侧,另一臂前伸过头,准备划水。两臂交替练习。

8. 握拳划水练习

(1)练习目的。提高划水效率,从而产生更大的推进力。

(2)练习方法。运动者在握拳状态下练习完整的手臂划水技术,两手都握拳划水,或一手握拳进行单臂划水,另一手放在体侧。也可以用非优势手臂握拳划水,另一侧手臂不握拳划水,两臂轮流划水,使非优势手臂更好地熟练划水技能,从而提升两侧手臂的协同划水能力。

9. 空中停顿练习

(1)练习目的。熟练掌握垂直移臂的动作要领,提高入水动作的效率。

(2)练习方法。像正常仰泳一样进行练习,但当手臂在空中移臂到一半时,突然停止移动,在肩上方伸直,掌心在合适的时机转为向外。停顿一会后继续移臂,体会正确的空中移臂动作。

10. 向内—向外移臂练习

习惯低平移臂的游泳者适合采用这一练习方法。一些游泳者在移臂时常常犯这样的错误,即移臂前半段手臂外摆,后半段手臂内摆。进行向内—向外移臂练习可以有效纠正这一错误。练习时注意移臂前半段手臂向上、向内移动,然后手臂向外移至越过头顶,最后向下移动入水。

(三)配合技术习练

1. 单臂连续划水练习

(1)练习目的。提高划水时的动作控制能力和身体转动能力。

(2)练习方法。一臂前伸成流线型划水;另一臂放在体侧。单臂连续划水和移臂,注意力集中于转肩、转体及稳定头部姿势上,两腿快速有力地打水。注意要始终保持一肩提出水面,连贯完成动作,不要停顿。

2. 双臂分解划水练习

(1)练习目的。提升双臂配合能力,体会身体转动与划水的配合。

(2)练习方法。右臂前伸成流线型姿势,左臂放在体侧,腿打水6次,然后两臂同时换位,右臂划水,左臂经空中前移至前伸状态,右臂放在体侧。再打水6次,继续下一个动作。注意始终保持一肩提出水面,用较慢速度连贯完成动作。

3. 仰泳配合划水练习

(1)练习目的。提高两臂配合能力,体会两臂配合时身体的转动。

(2)练习方法。一臂前伸成流线型姿势,两臂连贯流畅地交替划水。用肩的动作引导手臂动作,移臂时肩的位置要高,动作不能停顿。始终保持一肩提出水面,两腿快速有力地打水。

4. 改变方式的配合技术练习

(1)练习目的。增加练习的趣味,提高协调能力。

(2)练习方法。为提高水感可采用握拳划水、伸三指划水、伸二指划水等练习方式;为增加练习的趣味性,可采用双人仰泳练习或多人仰泳串练习(一人在前领先游仰泳,后面的人一手抓前面人的一脚,另一手划水)等。也可以进行仰泳划水、蝶泳打腿,或反蛙泳练习。

五、蝶泳技术训练

蝶泳是四大泳姿中最难也是最优雅的泳姿,因此一直都具有特殊的魅力。在游蝶泳时,游泳者身体俯卧水中,两臂同时向后划水后同时提出水面,并在空中向前移臂,此时两腿向后蹬水或同时上下打水,动作沿用了蛙泳两臂同时且对称移动的规则要求。蝶泳的技术难度大,对身体素质要求也较高,而一旦掌握了蝶泳技术,人体在水中游进时宛如一只灵动的海豚,给人以特别的享受。

(一)手臂技术习练

(1)手臂技术动作要领。两臂对称同时在肩前入水前伸,并向侧后方分开后屈肘转腕抓水,然后两手在身体下方做双"S"形曲线划水,划水过程中始终保持屈臂高肘,手的运动方向是先向内、后方,然后再向外、后上方,两手加速划水至大腿旁,然后提肘出水并经空中前摆入水中。

(2)手臂动作练习方法

①陆上练习。两脚前后开立,身体前倾,双臂在陆上模仿蝶泳手臂的动作练习。

②浅水中练习。在浅水中反复练习上述动作,体会双臂的动作路线。先做原地练习,然后过渡到走动练习。

(二)躯干与腿部技术习练

(1)躯干与腿部动作要领。蝶泳的躯干与腿部动作:两腿自然伸直并拢,脚稍内旋,腰部发力并带动大腿、小腿和脚上下鞭状打水。注意,下打时提臀伸膝,足背向下方用力打水,上打时挺腹,腿自然伸直,脚掌向上打水,两脚上下打水的幅度约为 40~50 厘米。

(2)躯干与腿部动作练习方法

①陆上练习。运动员两脚并拢站立以背部靠墙,两臂上举伸直并拢,模仿躯干与腿部动作的练习。首先向前挺腹后稍屈膝,然后臀部后顶碰墙,同时将膝关节伸直,如此反复练习,体会动作的目的和要达到的效果。

②陆上练习。动作和步骤同上述练习,但不靠墙。

③水中练习。俯卧浅水中,双腿先做自由泳动作,然后逐渐过渡到两腿并拢,以腰部发力带动腿做上下打水动作。反复练习。

④水中练习。以腰发力,带动大腿、小腿做前后打水动作。注意体会腰部的发力和上下摆动。

⑤水中练习。潜入水中,两手臂置于体侧,只做蝶泳打腿练习,体会躯干与腿部的配合。

（三）手臂与呼吸配合技术习练

1.手臂与呼吸配合的要领

当手臂开始划水时开始呼气,随着肩部位置的逐渐升高并逐渐抬头。当两手划至腹部下方时,嘴露出水面并快速吸气,手臂出水移臂时低头闭气。

2.手臂与呼吸配合的练习方法

（1）陆上练习。陆上两脚前后开立,上体前倾,做手臂与呼吸配合动作的模仿练习。

（2）水中练习。在浅水中做上述练习动作,先原地做,然后边走动边做。两脚配合两臂向后划水使身体向前跃起,吸气后低头,两臂在空中做前移动作,入水后收腿站立。

（四）完整配合的技术习练

1.完整配合的动作要领

完整的蝶泳配合一般采用打 2 次腿,划臂 1 次,呼吸 1 次的配合方式。即在两臂入水前伸时打第一次腿,两臂划水前半段时呼气,推水时打第二次腿,抬头吸气,空中移臂时头还原闭气。

2.完整配合技术的练习方法

（1）陆上练习。陆上单腿支撑站立,另一腿向后伸直,身体前倾,两臂与单腿做臂腿配合动作模仿练习。

（2）陆上练习。在上述练习的基础上加上呼吸练习。

（3）水中练习。做两次腿的打水和一次划臂的分解练习,即先打两次腿,然后做一次手臂配合的动作练习,基本掌握后,在划水时加上呼吸练习。

（4）水中练习。闭气游练习,体会手臂和腿的配合。

（5）水中练习。作单臂划水蝶泳练习,一臂前伸,另一臂做蝶泳划水动作,臂入水时腿第1次打水,推水时腿第2次打水并转头侧向吸气。两臂交换重复进行练习。

（6）在水中做完整的配合动作,可以先做短距离的练习,让每个动作都流程完整,然后逐渐加长游距。

六、公开水域游泳注意事项

（一）注意安全

公开水域游泳与室内游泳有很大不同,这种不同主要表现在水域环境、水底地形、水质与水流等方面。首先,江河湖海这些水域的环境十分复杂,水底地形多变。其次,这些水域的水底环境难以捉摸,可能有水草、水下生物等会对游泳的人产生不利影响的因素。再次,公开水域的水质受周围自然环境的影响较大,一般能见度低。另外,公开水域的水一般不是静态的,水流方向与速度会对游泳者产生一定影响。所以,在公开水域游泳首先要注意安全,那么为了保障安全,要注意以下几点。

（1）提前调查清楚水域状况,确定其适合游泳,并且确定游泳时天气情况良好。

（2）最好不要独自游泳,并且在游泳时让自己容易被发现。哪怕游泳者游泳技术很好,也难免遇上一些意外,比如自然环境改变或者突发的身体不适,这样可以让游泳者在第一时间得到帮助。

（3）注意识别方向。公共水域里没有画线,那么在游的时候就要保持一定的抬头频率,看好适当的参照物,保证自己按照正确的方向游。

（4）用自己熟悉的泳姿游泳,不要在水里嬉戏打闹。公共水域和室内的不同,练习自己不熟悉的泳姿和嬉戏打闹都有可能发生意外,要切记,安全第一。

（5）遇到意外保持冷静。遇到意外时要努力找回自己的泳姿,保持漂浮,努力让自己呼吸,并向他人求助。

（二）入水前做充分的热身准备活动

公开水域游泳的热身准备活动与其他运动的热身准备活动有着一定的区别，公开水域游泳前的热身不能太"热"，否则满身是汗地跳进水中，会对人体的毛细血管造成极大的刺激。因此，公开水域游泳的热身准备活动应该采用关节活动和肌肉拉伸的形式。

（三）努力保持水中平衡

游泳者在入水后一定要保持身体在水中的平衡，公开水域游泳中的水中平衡主要包括前后平衡和左右平衡。没有保持前后平衡的原因主要是呼吸和打腿技术动作错误。在水中游进的过程中，游泳者的头应露出水面 1/3。当前后平衡被破坏时，应把头尽量往水中压低，这样下半身就能抬高一点，这是保持前后平衡的一个非常重要的点。

出现左右平衡不稳定的主要原因在于左右两侧划水姿势不对称，以及单侧呼吸。要想纠正这一错误，除了要改进手臂划水动作和身体对称转动外，要特别注意侧头呼吸的正确方法。

（四）保持合适的划水节奏

公开水域环境更复杂，受到天气、风力、水流、水温等诸多因素的影响。公开水域还包括静水状态和流水状态，以及在某一段是静水，在某一段又有湍流的状态，运动者只能去适应它。在不同的情景下，要求运动者采取不同的游泳节奏。比如，游泳健身时的节奏应该是拉长划距，放慢划频，但在长距离游泳比赛和铁人三项比赛游泳的开始阶段，要保持高频划水。

（五）放松心态，缓解压力

公开水域游泳是在户外环境中进行的，存在着一定的风险。因此在参与这项运动的过程中一定要放松心态，不要有过多的压力。只有在放松的状态下，才能有更好的运动表现。

在参加公开水域游泳之前，参与者可以做一下深呼吸或冥想，深呼吸是一种最简单的放松方式，冥想则是比较高级的放松方式，但它们本质上都是一种调息方式。一般来说，刚开始进行公开水域游泳的人都会比较紧张。公开水域游泳与泳池游泳不同，公开水域游泳时水下能见度一般比较差,看不见水底,从而给人带来一些恐慌心理。这时就需要排除这些杂念,保持积极的情绪,逐步放松心态,顺利完成游泳。

第二节　赛艇运动的开展与训练

赛艇运动是由一名或者几名桨手运用肌肉力量,借助简单的杠杆作用推动赛艇的前进的一种运动形式。赛艇的特点是运动员背向前进的方向,因此艇上可能有一名舵手,但也可以无舵手。

赛艇作为一项民间运动由来已久,比如龙舟竞赛。在人类与自然共处的漫长岁月中,为了能获得更多更好的生存资源,早期人类的发明创造可谓丰富且充满颠覆精神。例如,人们发明了一系列用于打鱼、渡江的实用工具,不断地扩大在艰苦环境下的生存边界。为了克服水的障碍,人们学会了游泳,又发明了船只。有研究人员发现,人类发明的最早的使用桨作为动力的舟艇可以追溯到六千多年以前。

赛艇是一项既具有丰富的文化内涵,又极具锻炼价值的水上运动。赛艇一般都在江河、湖泊等自然水域中进行,因此是一项可以愉悦身心的户外运动项目。经常进行赛艇运动对于提高人体的健康水平具有明显的效果。它不仅可以促进人体新陈代谢,提高内脏器官机能,而且也可以发展全身肌群和各种身体素质,另外,赛艇运动在改善神经过程的节奏感和提高平衡能力等方面也可以起到积极作用。赛艇运动在提高人体心血管系统和呼吸系统功能方面作用尤其显著,赛艇运动员的肺活量普遍高于其他运动项目的运动员。因此,有人把赛艇运动称为肺部体操。赛艇运动还可以起到磨炼人的意志的作用,通过训练可以培养人坚韧不拔、顽强拼搏、团结互助的优良品德。因此,赛艇不仅可以锻炼身心,还具有重要的教育意义。

一、赛艇运动概述

(一)赛艇运动基础知识

赛艇有时也被称为划艇,是一项拥有几千年历史的运动。赛艇通常在团队之间进行比赛,在仅靠划桨推动前进的情况下,比哪队在规定距离内的用时最少。18 世纪时,现代赛艇运动已经出现,并在英国泰晤士河上流行起来。在 1896 年首届现代奥运会上,赛艇就已经是正式比赛项目了,因此它也是最早的奥运项目之一。

划艇时,赛艇运动员面向船尾,划动船桨使赛艇行进。比赛可以在湖泊或运河上举行,有时甚至可以在海上举行。从事赛艇运动的人需要具备一些身体素质,包括心血管健康、身体灵活强健以及核心平衡性好等。赛艇比赛类型多样,包括竞技赛、计时赛和耐力赛等等。在体能需求方面,一场 2000 米的赛艇比赛相当于两场连续的篮球比赛。奥林匹克运动会采用的比赛形式是竞技赛,由多组赛艇并排竞技。

(二)赛艇设备

1.艇身

比赛专用赛艇的艇身又窄又长,中部稍偏呈圆弧形,这是为了尽可能地减少阻力。传统的艇身为木制,而现代艇身则是由碳纤维和塑料的合成材料制成,这种材料使力量和速度得以完美结合。在正规比赛中对于不同大小的赛艇的最低质量的规定也不同,这是为了避免那些拥有资金实力的队伍通过技术优势进行不公平竞争。

小型单人赛艇一般艇身长约 8.2 米,宽仅 29 厘米,质量略微超过 9 千克。八人赛艇一般艇身长约 17.7 米。就承载量而言,八人赛艇可以在承载略微超过 90 千克的承载物的情况下正常行进。

船艇通常根据有无舵手进行分类,可分为无舵手船艇和艇首有舵手船艇,前者船艇上不设舵手位且船艇更直。在此基础上按照艇上人数进行划分,分别为八人、四人、两人和单人船艇。

双人无舵手船艇需要有两位划船者,而双人有舵手船艇需要有两位划船者外加一位舵手。四人无舵手船艇需要有四位划船者,而四人有舵手船艇则需有四位划船者外加一位舵手。但双人、三人、四人和八人赛艇通常都有舵手。

2. 掌舵

控制队员向指定方向操纵船桨或直接控制船舵。船舵由一根缆线控制,该线连接着舵手的一只鞋。通常舵手拥有最佳的视野,可偶尔对方向加以控制。

3. 船桨

船桨长近 3 米,末端扁平,宽约 0.45 米。传统的船桨为木制,而现在则普遍由碳纤维制成。单桨船艇船桨的扁平一端被称为桨叶,双桨船艇有一对桨叶。双桨船艇的船桨较短,桨叶较小。虽然双桨船艇的单支桨叶较小,但是由于双桨共同作用,整体桨叶面积较大。船桨中部涂有队伍的标志颜色,因此在水上比赛时很容易辨认出不同的队伍。

(三)赛艇竞赛

赛艇竞赛的形式有许多种。在美国,所有竞赛均被称为"regatta"(赛艇)。而在英国,这个词指仅用来指多赛道的计时赛。另外,英国的赛艇竞技赛通常在夏季举行,而计时赛在冬季举行。美国的计时赛在秋季举行,而竞技赛在春夏举行。

赛艇运动是体能与竞赛时间的复杂结合。例如,世界锦标赛中的 2000 米竞赛对参赛选手来说,看似是一场耐力赛,但比赛却只需约 6 分钟即可完成。因此选手们必须接受速度训练,在比赛中足够快才行。在高强度运动状态下,运动员需要采取特殊的呼吸模式,每划桨一次吸两次气,将足量的空气吸入肺中从而保证尽力发挥。

在竞技赛中,全部赛艇并排排列在同一起点线处,到达指定地点用时最短的为冠军。根据一般性的规定,从某一指定码头开始,允许 2~6 只赛艇一齐出发。奥林匹克竞赛全长为 2 千米,青年组比赛通常为 1.5 千米。竞技赛全程距离可以短至 500 米,也可长至 185 千米,比如从俄勒冈州的科瓦利斯(Corvallis)到波特兰(Portland)进行的多日竞赛。这类比赛通常要进行多轮,每轮正式比赛中的最佳运动员可以进入下一轮比赛。

计时赛是根据时间进行判定的一种专业比赛。赛艇先后开始比赛,每只赛艇的起步间隔 10~20 秒,具体时间根据参赛的赛艇数量而定。

计时赛距离长短不一,有 2 千米短距离赛,也有 12 千米长距离赛,还有距离更长的比赛,比如波士顿赛艇马拉松赛。在一些地方计时赛的冠军可获得"河流之首"的称号。

在赛艇比赛中,还有一种形式,即碰撞赛,这种比赛要连续多日进行。不同组的船员们位列于指定的出发点同时开始比赛,追赶各自前方的赛艇,同时避免遭到后方赛艇的碰撞。每次碰撞得一分。比赛结束后,主动撞击次数最多且避免撞击比率最佳的团队为冠军。新一天比赛开始时,当前领先的队员需位于最前方。因此最开始时,他们只能避免被撞击。

二、赛艇运动训练

(一)赛艇技术动作

赛艇主要是通过划桨时产生的力使艇前进。因此它是一项周期性运动,其技术动作是周期性重复的。一个划桨周期包括提桨入水(划水开始)阶段、拉桨阶段、按桨阶段和推桨开始阶段、推桨阶段等技术环节。因为各个阶段相互紧密联系,彼此既密不可分又都有其各自的特殊作用,所以,全面理解赛艇技术动作的周期完整性和认真掌握好各个阶段的技术要点,对赛艇运动来讲都是至关重要的。

1. 提桨前准备(推桨的最后阶段)

提桨前准备是指提桨入水前会有的一部分准备动作,此时推桨至前端,两臂向前自然伸直,上体前倾,转桨叶至垂直水平的位置,滑座要位于距前止点约 10 厘米处,保持小腿与赛艇龙骨大约成垂直角度,上体前倾约 20~30 度,使胸部贴近大腿,膝关节呈 45~60 度。集中精力准备提桨入水。

2. 提桨入水(划水开始)

提桨入水时,团身向前并把身体重心移向前脚掌,双手推桨,做向前上方推进的弧形动作,由此迅速地将桨叶插入水中,当滑座几乎触及前止点时迅速蹬腿,此时桨叶开始划水。需要注意的是,正确的提桨入水的标志是水花不大或向上溅起,如果水花飞向船头或船尾说明技术动作有误。

3.拉桨

肩臂向后使桨柄沿弧线向后运动,同时,用力蹬腿,拉臂,倒肩,全身配合用力拉桨,使赛艇获得最大推力。

4.按桨

拉桨至最大限度时,用前臂和手腕的协同动作使桨柄迅速地做向前的弧形运动,此时,桨叶随即跳出水面,桨叶出水的一刹那,全身肌群要放松,身体重心完全落在滑座上。

5.推桨

按桨出水的同时(此时肩轴与身体重心点接近于垂直),桨柄圆滑而不停地推向膝部上方。

6.手的动作

正确的握桨方法是手握桨柄不能握得太紧,应该用手指和手指根来握桨和控桨,而不是用整个手掌来握。用手指握桨和控桨,前臂和手指可以自然地放松,很好地感觉桨叶在水中和水面上的运动情况。

7.上体动作

提桨时上体应自然地团身,姿势保持有节制的前倾,要避免过分前倾、下压上体、上体太直和上体僵硬等不自然姿势。拉桨将要结束时的上体后倒也要适度。头的位置在划桨过程中影响身体各部位的动作。划桨时,头部应保持平稳正直,尤其在提桨入水前一刹那,头部要自然、平正,下颌为稍抬起状态。

8.腿部的动作

蹬腿时要求快且均匀稳定地用力,不要突然猛蹬,而是要保持稳定的蹬压,大腿和小腿应尽量保持直线用力。

9.全身配合

身体各部位要做到协调、自然放松、幅度充分、富有节奏感和韵律感,划桨动作要做到连贯和自然流畅。

（二）赛艇运动训练

赛艇是一项对技术、身体素质要求较高的运动项目，为使练习者尽快掌握正确的赛艇技术并提高身体素质，应采取合理的训练手段和步骤，由浅入深，由易到难地通过反复练习，逐步达到预期目标。第一阶段：观看技术录像，对划桨的身体姿势、桨柄和桨叶的运行轨迹等建立初步的印象。第二阶段：在学会了游泳保证安全的情况下，由老队员带着划双人双桨赛艇。老队员在后面平桨，使艇保持平衡并随时纠正错误动作。也可以进行单人艇练习。在码头附近由他人扶住艇尾进行左右桨交替划和晃动船等练习。而后可独立做一桨正划、双桨同时倒划原地转弯练习，使运动者体会技术动作、感觉到重心与平衡的关系，消除因船晃动产生的畏惧感。第三阶段：初步掌握双桨技术后，便可接触和学习单桨技术，学习单桨左右桨划法，然后过渡到双人单桨无舵手艇，领会和认真执行避免碰撞的航道划行规则。注意单人艇无舵手艇练习时，要经常回头看，注意自己的航向。

1. 身体训练

身体训练可分为一般身体训练、辅助性身体训练和专项身体训练。一般身体训练是全面发展运动员身体机能的身体训练。在训练中可采用多种多样的身体练习，这样可以起到改善身体形态、促进某些人体系统的发展和全面提高身体素质的作用。经常采用的方法有进田径、体操、球类、游泳等运动。辅助性身体训练要求经过选择后，采用在动作结构上和力量上与赛艇技术结构的某些部分相似的健身动作进行训练，如卧拉、卧推、负重深蹲、硬拉等。专项性身体训练包括比赛练习和专项练习，如水上划 10×1500 米、8×8 分钟，划桨池中练习，水上拉罐划等。一般身体训练是提高专项素质的基础，一般身体训练的基础越宽广、越扎实，就越有可能获得更高的运动能力。有人经研究比较，发现那些训练初期采用了一般身体训练的运动员，虽然取得好成绩的时间稍晚一些，但后来的最好成绩却大大高于只重视专门性身体训练的运动员。一般身体训练的练习手段多种多样，如徒手操、肋木练习、实心球练习、跑步基本练习、游泳、滑冰、滑雪、轻杠铃举重练习，等等。

2. 赛艇基本训练方法

（1）分解定位训练

分解定位训练的主要目的是通过原地分解学习掌握划桨的各阶段动作。其训练方法如下。

训练要在艇保持平衡及原地不动的状态下进行。双臂握桨向水平高度前伸，躯干及下肢向艇尾慢慢收拢，并以肩关节为轴心，两臂做上提动作，当桨叶扎进水时，动作中止。在这一过程中，桨叶背向上、面向水，当桨叶放入水中时，桨柄在胸腹前 10 厘米左右的位置。随后继续动作躯干后仰达 10~20 度，双臂后拉至前臂到水平状态时，动作结束。注意全过程中躯干和下肢始终保持一定的紧张度，手臂动作要干净利落，出水要轻快。桨叶始终保持水平前移并成一条直线。重复训练，注意动作的准确性和一致性。

（2）长距离持续训练

长距离持续训练的训练时间和距离都较长，而且要保持一定的训练强度，其特点是不中断训练。这一类训练可以持续稳定地刺激机体，使心血管系统和呼吸系统在"稳定状态"的训练条件下得到改善。这类训练还有助于改善中枢神经过程的均衡性，对于掌握、改进和巩固技术非常必要，在发展一般耐力和有氧耐力方面也效果明显。

在长距离持续训练中有两种训练方式，它们为持续稳定长划和持续变速长划。

①持续稳定长划。持续稳定长划是指持续划 30~90 分钟，桨频为每分钟 18~26 桨。低速稳定长划的桨频为每分钟 18~22 桨，一般用于提高氧利用能力和补偿恢复体力的训练，也可作为初期的技术训练手段；中速稳定长划的桨频为每分钟 24~28 桨，其目的是在低速稳定长划之后改善和提高技术的经济性，以及促进无氧阈能力和基本耐力的发展。稳定长划的划行距离为 8 千米、10 千米或者更长。

②持续变速长划。持续变速长划通常持续 15~60 分钟，桨频由 24 桨 / 分到 32 桨 / 分转变。持续变速长划对于发展专项基础耐力、专项速度耐力和有氧、无氧混合代谢能力有显著效果。变速长划可以让技术更巩固和深刻，可以增强机体调节机制的能动性，甚至可以使机体机能系统发生很明显改变。

（3）重复训练法

重复训练法是指不改变动作结构、负荷数据和间歇时间，在恒定的条件下反复进行同一训练的方法。赛艇水上训练的重复训练法包括各种距离或形式的重复划。比如重复起航划、短距离速度重复划、中等距离重复划、长距离重复划以及超长距离重复划等。短距离重复划一般要求在 50~250 米范围内，持续 15~45 秒。中等距离重复划的距离一般为 500~1000 米，持续划 90 秒 ~3 分钟，训练的强度为消耗 90% ~100% 的体力。而长距离重复划的训练一般要求距离为 1000~1500 米，时间为 3~4.5 分钟。超比赛距离划的训练距离为 2000~4000 米，时间为 6~12 分钟。

第三节　帆船运动的开展与训练

帆船是水上运动项目中备受关注的项目之一。帆船比赛是指在规定的海域内，运动员分别驾驶各自的帆船利用自然风力以最快的速度在规定的航程内抵达终点的一种运动形式。帆船竞赛集竞技、娱乐、观赏、探险于一体。最为人所津津乐道的是帆船运动独具魅力的观赏性。帆船运动可以增强体质、锻炼意志。特别是在天气变幻莫测的海上，海浪、风向以及风力的转变都要求运动者具有全面的技术和机敏的应变能力。

一、帆船运动概述

帆船运动是较早的水上运动项目，是一项起源于欧洲的古老运动。大约在 17 世纪初，欧洲的皇室贵族开始一些海上的帆船游乐活动。19 世纪初，英国、美国等国先后建立了帆船组织，如英国的皇家帆船中队、美国的纽约帆船俱乐部等。这些组织在当时颇具影响力，也在某种程度上引领了帆船运动的早期发展。1870 年，第一届横渡大西洋帆船赛在英美两国间举行。1900 年，帆船在奥运会比赛项目中出现，设有 4 个项目。1906 年，国际帆船比赛联合会（ISAF）成立，简称国际帆联。总部设在英国伦敦。

帆船运动充满探险精神,对于技术要求较高,在当时的欧洲一度非常流行,因此具有良好的群众基础。从历届奥运会帆船比赛的奖牌情况也可以看出各国的实力,至今英国、美国、德国、法国、西班牙、澳大利亚和北欧的五个国家依然是冠军榜上的常客。帆船运动传到亚洲的时间较晚,因此亚洲各国在帆船项目上的排名普遍较低。

中国的帆船运动发展时间较短。1958年,武汉曾在东湖组织了一次帆船表演赛,但是这场表演赛并没有产生太大的影响力。很多年来,帆船在中国都属于较为冷门的运动项目。虽然中国有漫长的海岸线,但是帆船运动的发展还是受到文化和经济等因素的影响。相对于游泳等水上项目,帆船需要大量的资金投入,不是大多数人都能负担得起的运动。因此,帆船运动在我国发展较为滞后。直到1978年,国家着重组织集训,帆船项目才在航海多项运动的基础上发展起来。两年后,我国举办了第一届帆船锦标赛,并把帆船项目列入全国运动会和青运会的比赛项目中。

1982年,我国首次派帆船队参加第九届亚运会。仅4年后,中国帆船代表队在第十届亚运会上获得一枚金牌,这代表着中国帆船运动进入新的发展阶段。从1984年的第二十三届奥运会起,中国每年都会派优秀的运动员参加帆船项目。虽然在该项目上中国起步较晚,在世界帆坛甚至在亚洲帆坛也没有太多优势,但是我们的运动员坚持不懈的努力让每年的比赛成绩逐步提高。2021年伦敦奥运会上,中国帆船女子运动员徐莉佳在激光雷迪尔级女子单人赛中勇夺一枚金牌。因此实现了中国帆船队在奥运会上金牌零的突破,具有里程碑意义。

近年来,我国的帆船运动比赛也逐渐广泛地展开起来。现在国内比较重要的帆船比赛有全国帆船锦标赛、全国帆船冠军赛、全国青少年帆船锦标赛以及全国OP级帆船锦标赛和中国帆船公开赛。帆船项目对场地、船只、装备、训练、裁判等要求较高,需要长期地进行经验的积累、人才的培养以及场地的建设和装备的生产和设计等。目前为止,我国在青岛、海口、厦门、秦皇岛等地已经建有多处帆船竞赛基地。现在全国有条件的地方均已出现帆船运动项目,也培养了一批成熟的裁判和教练员,为帆船运动的进一步发展奠定了良好的基础。

帆船项目的特性决定了,在该项目的开展过程中一些沿海地区和城市占有绝对优势。此外,较好的经济基础和文化观念也是帆船运动发展的重要前提。目前,我国的山东、福建和浙江几个省份在帆船运动上投入较大、发展较快,成绩也处于明显领先位置。此外,上海、广东、海南、湖北、江苏、辽宁、四川、北京等地也在该领域逐渐发展出自身的特色。以江苏、辽宁、四川、北京为例,这几个省市主要以开展青少年的培训和兴趣培养为主,如教授帆船运动知识和技能,开展 OP 级少年帆船夏令营等。

二、帆船运动训练

(一)转向技术

帆船向上风或下风偏转,船的艏艉连线越过风向线,主帆驶风杆由船的一舷换到了另一舷,即为迎风转向或顺风转向。

转向的动作幅度远大于偏转,为了使船越过风向线,驶风杆顺利换到另一舷,船必须有一定的速度,帆和舵也要密切配合。

1. 一般转向

船在正常风速时,一般都能保持相当的速度,只要在收帆的同时给一个恰当的舵量,船迎着风越过风向线而换舷行驶并不困难。

2. 小风转向

在风速很小的情况下,新手完成迎风转向可能会遇到一些麻烦。关键在于如何跨越前迎风到没有推进力产生顶风角度这个短暂的阶段。风速小时和大风大浪时帆船的表现是完全不相同的。风速很小时,前迎风行驶速度很低,船较正直,舵效和惯性很小。

(1)迎风转向时。迎风转向时很可能艏艉刚到或者达不到风向线,就失去了转动惯性,帆因受不到风而失速,发生缓缓倒退的现象。这时要仍给反舵,让船在后退中越过风向线。

(2)顶着风向时。有时船会顶着风向停在那里不动弹,这时千万不能拉紧帆的缭绳,而应把缭绳松开一些,等船动起来之后再相机行事。

3. 大风转向

大风大浪中,船一进入前迎风就会严重地横倾,甚至躺在水面上失速,这种情况下迎风转向,艏艉到不了风向线就会被风浪打向下风方向。

（1）迎风转向。这时只能选择在风速不连贯的一刹那，船的横倾角度变得较小的瞬间，利用惯性完成迎风转向。

（2）顺风转向。有时可能连这样短暂的机会也没有，只好用顺风转向的方法来完成必须进行的转向。不能顺利完成迎风转向的代价，不单是损失了速度，更多的是损失了与目标位置之间上风方面的高度，需要多跑更长的迎风路程才能弥补。

（二）迎风直线驶操作技术

在奥林匹克航线赛的帆船竞赛中，迎风航程距离最大并且耗时最长，占全部航程的一半以上。在迎风航程中，除了迎风转向和绕标以外，运动员都处在迎风直线操作中，迎风航段的表现在很大程度上决定了这一轮比赛的胜负。

1. 风向角的选择

帆船前进主要依靠风力。运动者必须正确把握风向角，才能充分地利用风力来驾驶帆船。一般迎风直线行驶时风向角需要控制在 30~80 度之间，但是在实际操作中，运动者一般都会将风向角控制在 30~55 度之间。虽然迎风直线行驶中，风向角越小行驶的航程越短，但是帆船的速度会随着风向角的变小而减慢。因此，运动员需要平衡船速与风向角，做出最佳的选择。此外，在实际操作中风向角的选择与帆船器材的调整，风速的大小、循浪的大小、流向、流速都有关，此外，运动者操作技术水平也是至关重要的。

判断运动者迎风直线驶水平如何，不是看风向角的大小与船速的快慢，而是要看绝对速度，绝对速度越快说明运动者的操作水平越高（绝对速度是指在以风向角为主的操作时尽可能地使船速最快，以船速为主时尽可能地使风向角最小）。

2. 中小风迎风直线驶的操作技术

（1）船体平衡。为了避免船体的侧翻，运动者在船上要调整自己的姿势，以改变船的重心位置，保持船体的平衡。这个保持船体平衡的过程被称为"压弦"。随着外界风力大小的随时变化，帆船所受到的升力和横向力也会发生变化，这就要求运动者掌握灵活多变的压弦动作。在风力较大的情况下，要想获取较快的迎风直线速度，运动者需要具备充沛的体能,维持较强的压弦力度,推迟疲劳的出现。

在迎风航段,船体的平衡对船速有着十分重要的影响,主要原因有两点:第一,船体越平,船底所受到的水动阻力越小,船所受到的净推力越大。第二,由于海面梯度风(即风速在海平面上随着高度的降低而下降)的存在,船体的倾斜会影响帆的推力。帆船的帆愈高,在帆上的风压愈大。首先船体的倾斜降低了风帆在海平面的高度,导致了风帆上压力的减少;其次船体倾斜减小了风帆攻角,同样也降低了风的压力;再次船体倾斜使风帆空气动力性质变坏。这些都最终导致了帆船行驶速度的降低。

注意,当风速在4米/秒以下时,应调整船向下风倾斜行驶和保持船体水平行驶。在风速较小时船体的倾斜程度是非常容易控制的,可以利用运动者的身体控制船体向下风倾斜5度左右。倾斜是为了使帆在重力下有较好的形状,产生较大的浮升力,提高船的速度。

迎风直线驶的操作技术中,要控制船体平衡,除依靠身体的移动外,主帆和舵的协调配合也是一种好方法。

(2)舵和帆。舵在帆船航行中的作用非常重要。一般来说,在迎风直线驶时,为了保持最佳的风向角,正常调整方向舵时应尽量减少摆动幅度,舵的调整频率应根据航向及帆的受力情况而定。运动者必须预设方向舵,在某些事情发生之前进行调整。除非有特殊情况,否则不应出现方向舵摆动幅度过大的情况。如果不能灵活地对舵进行操控且调整频率过低,那么就很难让船保持最佳状态。迎风直线驶时控制方向舵在保持船处于最佳状态方面起着非常重要的作用。

帆是帆船行驶的发动机,帆的最佳受风状态可使帆发挥出最大能量,使船的速度达到最快。在迎风直线驶中,帆的最佳受风状态是通过帆前边向后10~20厘米处的气流线和帆后缘边上的气流线飘动状态来判断的,帆前缘的气流线和上、下风气流线都向后飘动为最佳状态。在风速较小的时候,稍微放松前帆边,这样做的目的是让帆弧稍微向后移,增加迎偏的机会,同时也是为了让正面的帆型保持圆滑的状态。风速小时放松一点后帆角,可以增加后帆边的弧度,使气流通过喷口的横截面减小,因为后帆边"兜风"较多,有利于提高船速。浪稍大时,后帆角也可以适当放松些,让帆有点弹性,这样有利于拍浪时帆船的起速;没有浪时或者浪较小时,可以稍微收紧后帆角,这样有利于船的迎偏。

操作主帆时,为了使帆的受风时刻保持在最佳范围内,主帆的夹绳器要不断进行调整,不能夹住缭绳不动。迎风直线驶时,主缭的调整范围较大。但需要注意的是,帆的调整不是随意进行的,要与舵配合,两只手的动作必须协调一致,在按下方向舵时必须将帆缩回,拉舵时,必须放开风帆。

(3)阵风的利用。阵风在帆船运动过程中很常见,尤其是在中风、小风的情况下。阵风期间的风速大于阵风之前的风速。风速可能在阵风之前急剧下降,然后随阵风的到来又突然增加。阵风过后,风速又减慢,恢复正常。迎风直线驶时,遇到阵风,首先不要慌张,此时重要的是使船体保持平衡,防止阵风前的瞬间弱风现象。在阵风来临时,可以采取以下几种操作。

一是平衡船体,放松主帆,稍微拉舵,增加风向角。这样操作的目的是利用阵风加快船的速度。这种操作技术还可以用于战术需要和强风中。

二是在不改变航向的情况下"感受"阵风方向和速度的变化,随时调整帆的角度,使帆保持最佳受风状态,为了使船体平稳,行驶过程中不颠簸,人员的身体也需要做出调整。这种操作的目的是利用阵风来增加船的速度。

三是保持帆船行驶时的帆位角,用身体控制船体向下风稍微倾斜(特大风速、难控制船体平衡时除外),然后推舵收帆,使帆船迎风偏转。这样操作的目的是利用阵风,抢占上风位置。

阵风结束后,要及时调整帆的受风状况,注意船体平衡,避免反倾现象。

3. 风速在 10 米 / 秒以上时的迎风直线驶操作技术

(1)以船速为主。当风速达到 10 米 / 秒以上时,迎风直线行驶中,风向角要相对较大,风向角大,船的速度就会快,要以船的速度胜角度。

大风往往伴随着大的波浪,因此在中大风的情况下,运动者要注意波浪对帆船的影响。利用身体对帆船进行调节,遵循"上浪前倾,下浪后压"的原则,力求在通过每一个浪的时候,船速都不减慢。

(2)涌浪的利用。船在上涌浪时,涌浪对船有阻力,而下涌浪时,涌浪对船有加速作用。因此船在上涌浪时,要适当加大风向角,加快船的速度,克服涌浪的阻力。运动者要保持船速的连续性,时刻有速度观念。

(3)斜拉器与帆。随着风速的增大,缭绳的收紧增加了桅杆的弯度,此时斜拉器应稍微松一点。随着风速的继续增大,为了避免紧急情况的发生,器材的调整要求迅速、及时,此时斜拉器要收紧,固定帆的形状,以便灵活地调节缭绳。在风速极大时,为了防止发生迎偏而出现"顶风"情况,斜拉器应该松一点。

在风速中等的情况下,随着风速的增大,逐渐收紧前帆边,让帆弧前移,有利于削减帆上的升力。在大风的情况下,帆上的升力过大,体重小或者体能差的运动者常常遇见"压不住"(无法维持船体平衡)的问题。因此,要收紧前帆边,让帆弧前移的程度增大,受风中心的位置也随着前移,最终有利于削减帆上的升力。

随着风速的增加,后帆角应该逐渐收紧,减小后帆边的弧度,使气流通过喷口的横截面变大,后帆边"兜风"变少,这样有利于减小风在帆上的作用力。

4. 迎风直线驶时人员的位置

当风速在 4 米 / 秒以下时,运动者的臀部要往船中心移动,保持躯干与下肢所成的角大于 90 度,这样做的目的是加强人体对船的控制。当风速过小,人体感觉不到船上的力度时,可将船体稍微倾斜,增加一点帆上和舵上的力量。注意:船体倾斜之后,要保持住这个倾斜度,避免船左右晃动和上下起伏。此时,双人帆船的两个运动者都应坐在主帆滑轨的前边,单人帆船的运动者也应坐在滑轨的前边。

当风速在 4~10 米 / 秒范围内时,运动者要稍向后移动。双人帆船的缭手在主帆滑轨的前边,舵手在主帆滑轨的后边;单人帆船运动者的位置应该在主滑轨的后边。在难控制船体平稳时,运动者还须再稍向后移。

当风速超过 10 米 / 秒时,运动者的位置应更靠后,双人帆船的缭手可以移到紧靠舵手的位置。

5. 舵手和缭手的配合技术

对于双人的帆船来说,两位运动者的配合十分重要。如果每个人的技术都很好,但是两人配合得不好,那么要想驾驶好帆船也不是一件容易的事。所以进行双人帆船运动时要特别重视运动者的配合训练,提高默契度。

双人帆船运动中,两名运动者要各自清楚对方的操作水平,对方技术的优势和劣势,在运动过程中,两人要尽量做到不用语言交流就能清楚对方的意图,并根据判断,随时调整自己的动作,使船保持最佳行驶状态。在迎风操作中,缭手要围绕着舵手的意图进行操作,除了做好压舷调帆等工作外,还要不断地给舵手提供周围环境的信息,让舵手有更多的精力和时间进行操作。

(三)横、顺风直线驶操作技术

1.风向角的选择

在横、顺风直线行驶时,风速较小时,风向角越小,行驶速度越快,风速大时,为了使船以较高的速度行驶,风向角不能选择得过小,要尽可能大。

横风行驶时,风向角的把握相对来说不难。一般来说,运动者将自己的航向与目标方位对齐,让风向角保持稳定,船速不要慢下来,以较快的速度平稳行驶就可以。

单人帆船的帆杆由于侧撑没有障碍物可左右转180度以上,因此顺风航行时可以选择任意风向角度。一般来说,怎么行驶航线最短就选择怎么行驶,一般是直线对着标志方向行驶。但有时,为了获得更大的船速或出于战术目的,会使用大于180度的风向角。随着风和涌浪的加剧,运动者需要考虑如何充分利用它们以获得最大的滑行速度。这时多采用曲折的顺风航线。

由于双人帆船上存在侧支索,主帆桅杆不能像单人帆船的桅杆那样向右舷或左舷转动超过180度。顺风时,必须限制所选风向角的大小。顺风航行时,风向角一般选择在150~170度之间。

2.横风直线驶的操作技术

(1)风速较小时,前帆边要完全松到底,前帆边的调节原则是"帆面平滑,不留皱折",后帆边应稍微松开一点。斜拉器的松紧度要根据具体的操作来决定。例如,摇船时只有斜拉器维持一定的紧张度,帆才能产生"扇子"的原理。风速较大时,如果水面较平,则应将斜拉器收紧一些。涌浪较大,则斜拉器应松开一些。

(2)人员位置的移动。在横风直线行驶时,如果风速较小那么单人帆的运动者要向前坐。如果是双人帆,那么舵手和缭手应同时尽可能地向前坐,通常缭手靠近侧支索,舵手要在主帆滑轨处或滑轨前方的下风舷上负责调整船体平衡。在阵风前或暂歇中,舵手应及时地移动身体,调整平衡,缭手一般是留在原位不动,也可以做弯腰动作,帮助舵手尽快调整船体平衡,对于缭手来说,最重要的就是操好球帆。

风速在 4~10 米 / 秒时,单人帆的运动者应向后移动。双人帆的舵、缭手都应向后移动。此时,双人帆船体的平衡不能仅仅靠舵手用身体来调整,缭手也要配合舵手不断对技术动作进行调整。

在大风时,单人帆的运动者身体应尽力外压。双人帆的舵手和缭手的身体尽力向外压,并应尽量靠在一起。随着船在涌浪上的航行,身体要同时做前后移动,以防止船首冲进浪里,影响船速。

3. 顺风直线驶操作技术

在风速很小时的顺风直线驶操作中,保持船的平稳之后,要依靠缭绳传递到手指上的微小的张力来调整帆的松紧程度。运动者在船体中的位置应该与稳向板重叠。

在顺风借浪的过程中,运动者应做到"人船合一",上偏下拉的动作要有效地配合船体姿态的变化。上偏时人体向内倾斜,以向下风倾斜的船体姿态推舵。下拉时上身向外压弦一次,以向上风反扣的船体姿态拉舵。

做滑行运动时,在操作主帆时通常不是拿着一股主帆缭绳从最后的一个滑轮通过来拉帆,而是拿者两三股缭绳直接拉帆杆,这样用力才足,也比较容易准确掌握时机。一般是在浪峰上拉帆,利用拉帆和涌浪推动同时加快船速。船起速后,就可以根据浦浪的情况选择风向角,保持船体平稳,并准备做好下一次的拉帆。

4. 越浪滑行技术

顺风航行中,可以利用浪进行滑行。越浪滑行时,最重要的是使船保持平衡状态,防止涌浪推船后船体失去控制。如果船没有开始加速,可以迎风偏转以获得更快的速度。随着速度的增加,再做顺风偏转,继续以该速度行驶,并找准下一个涌浪的前部,使船以头低尾高的状态继续滑行。运动者身体必须在控制船体平衡的同时来回前后移动,以增加船的下滑力。船航行方向和波浪方向的角度必须根据波浪的速度和船的速度来确定:如果船的速度太快,运动者要注意不能将船头扎进前边涌浪的背部;如果船速变慢,运动者必须立即拉动帆以使船加速。另外,运动者也可以用迎风偏转来获得船速,在获得船速后再顺风偏转,去追下一个涌浪。有时船速太高,也可以做顺风偏转。注意风向角要控制好,不能过大,也不能随意改变。在准备驶到前面的涌浪时,船速必须足够快。这样才能把握时机利用前面的涌浪继续高速滑行。

在越浪滑行时,稳向板的高度通常是根据运动者的技术水平来确定的。低水平的运动者只能抬起大约1/4的稳向板,高水平的运动者可以抬起1/2以上。稳向板在滑浪中起重要作用,在顺风航线中稳向板不仅起到控制船体平衡的作用,还起到改变航向的作用。

(四)帆船直线驶训练

1. 自我练习法

帆船直线驶自我练习法适用范围广,不论运动者的操作水平如何,都可以采取自我练习法进行训练。但是水平不同,训练的方法稍有不同,具体如下所述。

(1)以规定的风向角直线行驶。运动者必须根据预先规定的风向角(例如规定迎风50度、横风100度、顺风150度)先迎风行驶一段较长距离,然后用横风或顺风返回。左、右舷风反复练习,培养调整航向,用舵和帆保持相对稳定的风角的能力。

(2)瞄准目的地,持续直行。在起始标志的迎风方位线上放置一个标志,标距为400~800米。迎风对准标志直线驶,然后练习顺风直线驶,返回到原来的起始处,舷反复练习,每次练习(特别是迎风直线驶)时,注意接近标志的时间和帆船与标志之间的平行距离,做好记录,以便后续进行分析。

以上两种训练方法适合新手和技术水平较低的运动者,训练时可以暂时不使用球形帆。

(3)船的速度感觉训练。具有一定水平的运动者,应进行单船只直线驶速度感觉训练,以提升直线驶技术的舵、缭、身体动作的配合度,并利用速度感知来评估自身动作的效果。对于高水平的运动者来说,在大风浪中训练速度感比在中小风浪中反复练习更为重要。

2. 对比训练法

(1)双船对比训练。如果有两艘帆船的装备、性能一样,运动者的操作技术水平差异也不大,那么就可以进行双船直线驶速度对比、角度对比训练。

训练时不用调整设备，只调整舵、帆、身体动作等操作技巧即可。运动者要完成较长距离迎风、横风、顺风直线驶，教练员要随船进行技术指导，多练习几次后可以换船继续练习。

（2）多船只对比训练。船只较多时可采取上、下风一字排开同时出发或间隔15秒出发一条船的方法进行多船只直线驶对比训练，每艘船出发时尽量不要互相干扰。

每条船在迎风或横、顺风直线航行一段距离后，停下，观察迎风和背风以及船之间的距离，然后开始比较下一轮。多次练习之后，就可以发现各运动者的技术优势和劣势，针对劣势进行改进，就可以提高操作技术。

第四节　帆板运动的开展与训练

一、帆板运动概述

（一）世界帆板运动的发展

帆板运动是一种以风为动力在水面上滑行的十分轻巧的水上运动。它被看作最简单的小帆船。一般长度在 2.8~3.9 米，宽度在 0.6 米左右。帆板最大的优势是体积和质量均较小、结构呈流线型，因此在海上航行时阻力较小，速度很快，一般可以达到 60 千米 / 小时左右。帆板结构简单因此利于携带。板体是一种轻质材料制成的密封浮体，可以承载桅杆、帆和人，其附件有稳向板、尾底骨、桅杆、帆、万向节、操纵杆和拉帆索等，没有舵。

最早的帆板诞生于美国，1968—1970 年，一位名叫豪卫尔·修万斯的工程师将帆与冲浪板结合起来，经过多次试验改装，最后在桅杆的根部加上了一个方向节，于是试制成世界上第一条帆板。1970 年 6 月，修万斯申请了这项设计的专利权，但当时他给自己的专利产品起的名字是"风力滑行板"。1973 年之后，荷兰开始批量生产和制造帆板，这在某种程度上极大地推动了帆板运动在世界范围内的开展。很快帆板运动便传到了亚洲，在日本、泰国、新加坡等国家以及中国香港地区发展得较为迅速。帆板速度快、体量轻又相对便于携带,因此帆板运动迅速风靡全球,并逐渐地从娱乐、休闲、健身运动发展成为一项专业的竞技运动。

1980 年,奥组委决定将帆板运动设立为奥运会的正式比赛项目。1984 年第二十三届奥运会帆船比赛中增设了男子帆板项目。第二十五届奥运会中增设了女子帆板项目。

(二)我国帆板运动的发展

1979 年,国家体委青岛航海运动学校试制成功了第一条帆板。1981 年 8 月,我国在青岛举办了首次帆板竞赛。来自北京、辽宁、河北、山东、安徽、浙江、江西、湖北、福建、广东、广西共十一个代表队的 53 名运动员参加了此次比赛。此后,帆板运动在我国我的 15 个省、30 多个城市逐渐开展起来。先后有 6 家帆板生产厂成立。在国家的支持下帆板运动获得多方面的发展。虽然帆板运动进入我国的时间并不长,但是我国的帆板运动进步显著。因为我国具有良好的天然水域条件,所以多次举办了世界级的帆板赛事。这其中包括 1996 年在广东汕尾举行的亚太地区帆板锦标赛暨奥运精英赛,在这场比赛中来自亚洲、欧洲、非洲、美洲、澳洲等 19 个国家和地区的 180 多名运动员参加了国际翻波级、国际竞赛板级、国际温德色费尔级和国际米斯特拉统一设计级四种级别的比赛。这是世界上首次举行的同时含有四种级别比赛的竞赛,也是中国帆板运动逐步与世界接轨的重要里程碑。

(三)帆板基本常识

1. 起帆要领

在启航前,要自行起帆。起帆时要确定风向,并使航板与风向成直角,让帆前缘顺着风向放置。同时用双脚踩夹帆杆根柱,借助身体重力轻轻慢慢拉动帆杆绳子,直至把帆杆竖直,然后出手提住帆杆中间附着的横式手把柄。出发前要先确认帆杆根柱是否插进接头里,并尝试左右抖动手把柄以测试是否能将其运用自如。

2. 基本驾乘法

驾驭帆板最核心的技术就是控制风帆与风的夹角,借助风力前行。在驾乘技巧方面,以及时、准确地调节帆面承受风力的大小为关键。运动员要保持机敏,灵活应对风向的转变和风力的改变。基本的驾乘方法有下列几种。

(1)侧风驾乘。侧风驾乘是所有驾乘技术的基础,是学习帆板驾乘技术的第一步。侧风驾乘要求保持航行方向与风向成90度角。这时候可以得到帆板借助风力直航快进的愉悦体验。

(2)顺风驾乘。顺风驾乘时要让风从正后方吹来。顺风使船帆压力几乎消失,人失去凭靠,不易保持平衡,这导致帆板速度降缓,并且此时比较容易发生危险。因此在练习顺风驾乘时应该做好安全措施。

(3)偏顺风驾乘。偏顺风驾乘就是利用风由斜后方吹来所产生的力来航行。它介于侧风航行和顺风航行之间。用这种方式航行,速度很快,并且易于控制平衡。

(4)偏逆风驾乘。偏逆风驾乘是指风来自斜前方时的驾乘。此时帆与风的张角非常小,因此速度逐渐降低。此种驾乘可用于减速。

(5)逆风驾乘。帆板本来不能逆风而行,但是可以采用一种曲折的"之"字形路线迂回前进,即交替以向左和向右的偏逆风驾乘。

3. 驾驶帆板的策略

(1)看天行事。帆板在大海上航行的必备条件是良好的风力。因此运动员要具备一定的气象和水文知识。在航行前,要全面了解当地当天的天气变化,掌握足够的风力、风向、气温等信息。最好是通过察看天气图而整体上把握当天的风、浪状态。一般6—7级的风对帆板最为有利,此时容易发挥航行速度、保持板体稳定。

(2)装备齐全。对于初学者而言,全面的装备必不可少,也是保证安全驾乘的首要条件。因此,绝不能偷懒或者存在侥幸心理。进行帆板运动之前,应穿上全套的救生设备。如果水中礁石相对较多,则应该穿上鞋子。只有在充分准备的前提下,才能心无旁骛地练习技术。

(3)了解潮汐。练习帆板除了要了解天气以外,还要对潮汐有一定的掌握,比如算准涨潮和退潮时间。因为潮起时海流较急,而退潮时礁石会裸露出来。这些都不利于开展帆板运动,因此要尽量避免涨潮与落潮的时间运动。另外,应该避免在礁石突角多的海水中运动,因为突角多会令水流湍急,水流湍急会增加航行的难度和危险性。

二、帆板运动训练

进行帆板运动有助于增强臂力、腹背力量和腿部力量,以及发展灵敏性和身体平衡能力。因此,帆板项目是一项可以提高运动者综合身体素质的运动项目。它同时也是很好的休闲选择,可以将人从繁忙的都市生活中暂时解脱出来,在天海一色间乘风破浪让精神和心理上都得到全面的放松。同时,帆板还可以培养人们勇敢顽强、坚韧不拔的精神,因此也是一项特别适合青少年的运动项目。但是,从事帆板运动需要经过一定时间的严格的科学训练,需要掌握必要的帆板知识和技能,才能真正享受到帆板运动的乐趣。

(一)直线驶技术训练

在帆板运动中直线驶速度十分重要,因为它直接决定帆板的航行速度。因此,对于帆板运动员或者帆板爱好者来说,学习直线驶是最基本也是最重要的环节。

1. 迎风直线驶技术

(1)人体姿势和动作要领

学习迎风直线驶技术首先要掌握相应的人体姿势和动作要领。迎风航段直线驶一般以风向角 45 度左右为主航向。在此基础上,根据风力的大小和风向的变化随时进行调节,另外还要考虑航线上海水的流速和涌浪等情况。在航行过程中需要适时地变换驶帆操作方法,以达到操稳帆和稳定板体的目的,并且争取得到最快的航速。

迎风驶帆的基本身体姿势和动作要领如下:

①一般为运动者面对帆站立在板体上,双脚分开与肩同宽,呈外"八"字形。

②双膝稍屈,身体直立后倾到适当角度,双手握住帆杆,前手距桅杆约 20~30 厘米,双手间距离略宽于肩。

③手臂伸直用力,目视前方水面。

④操帆时前手要控制好桅杆的倾斜角度,使板体保持直线行驶。

⑤操帆时后手要调整帆角,保持良好的受风状态。

随着风速的增大,人体站位应逐渐向板体的上风舷移动,双腿要用力蹬板,身体重心移向舷外,双臂伸直,帆面呈反扣状态,保持好帆的受风中心。此时后手收紧会使帆的受风中心前移,板体出现顺风偏移的情况;后手松会使帆的受风中心后移,板体出现迎风偏转的情况。应准确把握航向,使帆板始终处于直线驶状态。在航行时除掌握正确的操帆技术外,还要根据具体的航行条件合理地、灵活地变换操作方式,操稳帆,稳定好板体,使人、帆、板体达到一个良好的平衡状态,才能提高直线驶速度。

（2）两角稳定技术

一般来说,迎角和帆角之和等于风向角,因此在实际操作中可以用风向角和帆角这两个可操纵因素来控制帆的最佳迎风角度。对于升力型驶帆法的迎风航程来讲,只要保证一个最佳的迎风驶帆气流入射角度,使帆产生良好的升力,并操纵得当,航速就会明显加快。

①最佳迎角的选择。迎角的选择是关键。在帆型已定的情况下,如果帆与气流的角度不同那么帆的下风面的负压力也会有变化。当帆与气流成某一合适的角度时,帆的下风负压最大,此时的帆动力效果最好,所分解出来的前进分力最大。一般把这时气流对帆的入射角称为最佳迎角。这个角度约在23度左右,但是只要偏差2~3度升力效果就会明显变差,因此保持最佳迎角对运动者技巧的要求较高,运动者需要进行大量的练习。在操作的过程中,应始终努力获得最大帆动力,即选择与保持最佳迎角。

②最佳风向角的选择。帆板在迎风航线上行驶需要通过曲折航线才能到达迎风标。当风向角大时,板速较快但同时曲折行驶的航程也较长,而风向角小时,虽然路程短但板速也慢。因此,在选择风向角的时候需要综合考虑行驶路程和航速的矛盾,要根据当时的具体情况而定夺。最终达到在最短的时间内到达迎风标的目的。

另外,风向角的选定与风的大小和涌浪的特征密切相关。假定帆板保持某一选定的风向角,在水面相对较平静的情况下航行,可以达到理想效果。可是当有涌浪的时候航行效果则完全不同,因为涌浪形成的波阻力对帆板的速度和横移都会产生极大的影响。行驶的风向角小,受到的阻力大,波横移力小。而随着风向角的增大,波阻力减小,波横移力则增大。因此,如果风浪较大那么就要相应地增大风向角以减小波阻力,提升帆板前进力。

总之,在帆板运动中要同时考虑不同风速和不同涌浪影响下的风向角的选择。如果要做到每一次都能进行正确的选择,那一定要进行大量的训练,要积累各种情况下的航行经验,要针对具体情况及时做出分析、总结和调整。当海面涌浪较大时,选定的风向角就要相对略大。而当风浪较小时,风向角也要相应地调节小一些。但是当风很小或很大时,那么首先要考虑的是减少横移。在迎风战术中,有时为了追求速度要选择小风向角,而有时为了追求速度却需要舍弃角度,因此战术要灵活把握。就迎风航程来说,最经济的风向角一般在45度左右。

（3）两角稳定与涌浪的关系

在风不变的条件下,随着板速的增大,感觉风向前移,且风速增大,如果板速减慢,感觉风向后移,风速减小。

帆板越浪时板首遇到陡的浪峰,小质点流的方向与板前进方向相反,板速会降低,这时会感觉风变小了,而且方向向后移,相对风向角就会变大。当帆板驶入波谷时,小质点流的方向和板前进的方向一致,对提高板速有利,此时感觉风会加大,方向前移,风向角变小。为发挥和保持帆的最大效应,要对风向角进行相应的调整。板体上波浪时,要使板体有迎风偏转的动作,在操作上表现为适当松帆。板体下波浪时,要适当收帆减小迎角,使板体带有顺风偏转的趋势。动作的幅度与频率,要根据涌浪的波高与周期而定。除掌握好这种调整的频率与幅度外,要使整个动作舒展,配合好桅杆的弹性摆动也可以达到类似的"摇帆"效果,减少板体失速。

（4）迎风驶倾板技术

帆板的迎风驶倾板技术是帆板在迎风行驶时,使板体向下风横向倾斜一定角度,从而达到提高板速的控板技术。

这里需要了解的是倾板的水动力效应。稳向板、尾鳍的水翼作用产生升力,减小浸水阻力。改变板体浸水形状,侧面阻力加大,可减小板体横移。减小板体迎面阻力面积,越浪时可形成"切浪现象"。

（5）倾板技术与涌浪的关系

在板体能滑行的条件下,要恰当地处理倾板与涌浪之间的关系,一旦处理不好帆板上浪时会出现松帆的现象,下浪时则会出现板首拍水的现象。这两种情况都会严重地影响行进速度。在迎风倾板行驶中,还要注意保持人体重心和帆受风中心的相对空间位置稳定。

当板体上浪时注意适当屈膝、伸踝使重心向后移动,改善人体与板体的压力关系。缓冲因板体的势位改变所带来的压力,从而减小浸水阻力。而当板体下浪时可适当伸膝、屈踝、使重心复位,这样可以加大人体与板体的压力从而加大冲量。总之,应根据涌浪的波高与周期适时地调整身体的姿势,以配合迎角的调整。在板体上浪时加大迎角,在板体下浪时略减小迎角。通过移动身体的重心改变帆板的重心,从而达到影响帆板运动状态的目的。

(6)帆板迎风驶的压帆技术

迎风压帆技术是指当帆板在具有较好行驶速度,帆的受风中心和人体重心形成最佳组合时,使下帆也接近板体表面以增加帆空气动力从而获得提速的技术。航速的提高、板体侧面阻力中心的后移是压帆技术实施的条件。

板体开始滑行后其纵倾角增大,板首翘出水面导致板体的浸水体积减小,浸水中心后移又使板体侧面阻力中心后移。而且随着速度提高,稳向板的后收也会使板体侧面阻力中心后移。此时板体侧面阻力中心后移的幅度大于帆的受风中心位置的变化,因此压帆技术既能提高帆的空气动力效应,又有利于保持力矩的平衡,是这一条件下的最佳技术选择。

压帆后,帆的下帆也应尽量贴近板面,减小诱导阻力,帆的下风面气流加速流动的路线加长,负压增大,会提高帆的总升力。为争取更大的空气动力效应,也可以使用帆面向上风反扣与帆后压共同组成的压帆技术。帆的反扣既能够加大帆后压的幅度,又能够产生垂直向上的升力。帆反扣能使帆的受风中心偏向板体首尾线的上方,可减少因帆后压所带来的板体迎偏现象。帆的后压与反扣是压帆技术的两个重要组成部分。

两角稳定、倾板和压帆技术是帆板迎风直线驶技术的重要组成部分。

2. 横风直线行驶基本技术

横风行驶的风向角较大,一般在80~100度之间。横风行驶是帆板航行的重要部分,横风直线行驶航段也是各航段中板速最快的航段。可以说掌握好横风直线驶技术几乎就决定了航行速度。

横风驶技术与迎风驶技术不同,风向角增大后,帆角也要相应增大。而且万向节滑座位置要视风速、涌浪情况而适当后移:涌浪越大,滑座位置越向后。要根据对板体的控制能力适当下放稳向板,通常板速越快,稳向板收起越多。当板速加快时要让板体侧面阻力中心和人体站位后移,增加压帆幅度,用脚套加强对板体的控制,这样有助于板体滑行状态的提高。

(1)迎角的选择。由于帆板横风行驶时的板速较快,感觉风也随之变大,而且方向也相对偏前,因此应该选择小于某一风向角条件下的理论迎角。分析帆的空气动力曲线可以发现,在横风驶中,帆的迎角略大于最佳迎角时,升力会突然下降,而迎角略小于最佳迎角时,升力变化不大。因此运动者横风行驶时要注意收后手不要过紧,否则将导致迎角大于最佳迎角,帆的动力效应损失,航行速度降低。

(2)风向角的选择。在不同的风速下横风直线行驶应选择的风向角也会有所不同。当风速变化较大时,风向角要发生相应的变化。

帆板属于半滑行艇类,但是在大风横风行驶状态时接近滑行艇类。其航行性能特点是,当风速不同时所达到最高航速的风向角也不同。在风力较小的天气下,比如风力为 8 级左右时,最高航速值的风向角为70~80 度;在中等风力条件下,最高航速值的风向角为 90 度左右;在大风时风向角达到 100 度以上时航速为最佳。这就要求运动者在操作时及时根据风速的变化情况进行调整,当阵风吹来时可加大风向角,以获得最高速度。阵风过后暂歇时,略迎风偏转,减小风向角,以获得最高速度。

总之,在横风航线行驶时,只有做到随时根据风速和风向的变化调整风向角,才能获得最快的行驶速度。

(3)涌浪的利用。在帆板运动中横风行驶一般是指在横浪的海面上行驶。当处于波浪前波和波峰时,受海浪的拍击及水质点流速的影响,帆板会向低于航线的方向运动;当处于波谷时帆板会向高于航线的方向运动。

有时会出现波浪前进的方向与风向偏离的现象。在横风行驶中会遇到以下三种情况。

①波峰线与行驶航线有迎角存在。

②波峰线与行驶航线平行。

③波峰线来自板尾的方向。

应对不同的情况要采取不同的操作,具体如下。

对于第一种情况,可以用双腿协调用力控制板体,运用压帆和倾板的技术,使板体产生迎偏和切浪现象,达到避免板首被浪拍击偏向下风的目的。对于后两种情况,帆板实际行驶的航线是不明显的"蛇"形航线。当波浪来时,稍微顺风偏转,板尾斜着迎浪,保持好的迎角。当到波浪的后坡时,略做迎风偏转,航向略高于下一个标志,在波浪的后坡继续行驶。当到达波谷时,再控制板体略做顺风偏转,准备利用下一个波浪。因此,在一个波浪的周期中要根据板和浪的相对位置,把握时机,适时调整幅度、重心、两腿用力的分配。要在实际中做到以上几点就需要进行大量的训练并积累丰富的经验。

(4)倾板及尾鳍滑行。在横风行驶中保持帆板向下风倾斜的状态时所达到的气动力和水动力的效果与迎风行驶倾板时所达到的是相同的。当风力在3级以下时,横风倾板技术与迎风倾板技术类似。当风力增大、板速大幅度提高后,尾鳍产生的侧阻作用会抵消大部分帆的横向力,稳向板要收起大部分或全部。这时,板体前部浮出水面,因此板体浸水面减少,此时可通过脚套加强对板体的控制,提高滑行速度。

3.尾风直线驶基本技术

尾风直线驶属于阻力型驶帆。一般采用尽力贴近下风标方向的侧顺风航程,风向角一般在150度左右。尾风直线行驶时帆角为90度左右,桅杆向上风舷倾斜较大,使帆受风中心在板首尾线的垂直线上。另外,在尾风直线行驶时应使帆保持较松弛的状态,以便形成最大帆弧,万向节滑座应收到后部,稳向板应全部收起。

(1)尾风直线驶的平衡方法。尾风直线驶的平衡方法与迎风直线驶不同。尾风直线行驶时,人面对板首站立,左右脚之间的距离较窄,因此有可能导致站立不稳而摔倒,此时保持平衡就显得很重要,一般常采用以下两种方法保持平衡。

①站板平衡。尾风直线行驶时,当身体重心向左移动时,则改用左脚单独支撑,同时腰背向右侧弓出。同样的,当身体重心向右侧偏移时,则用右脚单独支撑,身体重心向左侧弓出。这样就能及时阻止重心偏离支点并保持平衡。

②操帆平衡法。当身体重心向右移时,立即用左手臂用力按压帆杆,通过反作用力可将身体重心复位。同样的,当身体重心偏左时,右手臂用力按压帆杆,产生反作用力使身体复位。需要注意的是,每次用手用力按压帆杆的时候,压力方向要正对万向节。

上述两种平衡方法是非常有效的方法,一般在实践中会结合使用。任何平衡方法只能在人体平衡即将被破坏或刚刚被破坏的时候使用才有效,稍有迟疑便会失去机会。因此,在实践中要注意及时、迅速、准确地采用平衡方法才能达到理想的效果,用力不够或者用力迟疑都将使效果大打折扣,甚至毫无效果。

(2)尾风滑浪技术。通常尾风航段都驶侧顺风风向角。侧顺风的滑浪技术与上述横风滑浪技术的第三种情况相似。

(二)迎风摇帆技术训练

迎风摇帆时要充分利用身体重力向下及上风拉帆杆,使帆具开始摇动,并随着帆具的摇动而加速拉帆杆。腿部的动作配合特点是由屈曲变为伸直,当帆具达到一定的速度而结束摇帆后可采用完全站直的姿势。在摇帆时随着帆具摇动的加速,手臂也要拉帆使其逐渐靠近身体,随着帆的拉近,最后后手手臂用爆发力向内收帆。摇帆是通过杠杆作用实现的。因此需要注意,在摇帆过程中不要手臂孤立做功,而要通过手臂和背部肌肉的配合产生力量。简而言之,摇帆需要全身的整体协调运动来完成,腿、髋部、背部、手臂以及腰腹等都需要参与和发力。

在小风天和中风天摇帆,一般采用平摇法。中强风天板体处于半滑行或滑行状态时,一般应以驶帆为主,辅以振摇加速。

总之,在摇帆过程中应始终保持良好的帆态和稳定的气流入射角度。如果由于速度的改变而出现迎偏现象,则应及时修正风向角。在整个过程中要充分发挥大肌群的力量,不屈臂摇。根据风力大小而调整屈膝、屈髋的深度,以及摇帆幅度。帆处在反扣状态下摇帆的效果会更好。注意摇帆时身体重心要尽量远离帆面,小腿与板体保持较小的夹角。

(三)帆板运动身体素质训练

(1)力量素质训练。帆板运动需要全身的肌群参与,对力量素质的要求也较高,可以说力量素质是帆板运动者提高运动技术的核心因素,也是决定运动者发展空间的重要参考素质。因此,在进行帆板运动训练之初,就需要进行力量素质的训练。力量是指肌肉在运动时克服阻力的能力,大致可以分为绝对力量、相对力量、速度力量和力量耐力。

在进行针对帆板运动的力量素质训练时,有一套较为完整的训练体系,其内容涉及全身的重要肌群。这一体系包括:握力器训练、负重卷绳、拉橡皮筋、哑铃侧举、哑铃手腕屈伸、哑铃上举、哑铃体侧提、哑铃前后摆臂、身体前倾哑铃平举、杠铃上举、哑铃扩胸、杠铃提拉、杠铃卧推、杠铃侧体屈、杠铃左右转体、负重俯卧撑、俯卧负重背起、负重仰卧起坐、负重蹲起、仰卧两头起、负重跳跃、单杠引体向上、单杠静挂、单杠卷身上、单杠悬垂举腿、双杠臂屈伸、跳台阶、蛙跳、负重提踵等。

（2）速度素质训练。帆板运动员也需要进行系统的速度素质训练。速度素质是指人体快速运动的能力。速度素质又可分为反应速度、动作速度和移动速度。这里反应速度是指人体对外界信号刺激的快速反应能力；动作速度指人体快速完成某个动作的能力；移动速度指人体在单位时间内快速通过某一距离的能力。

①反应速度训练

听教练的信号完成下面的练习。

A.起跑练习。听到信号后做蹲式、半蹲式、站立式起跑的练习。

B.听信号做20米的冲刺跑练习。

C.听信号做向前、向后、向左、向右快速变换方向跑练习。

D.听信号做20米的往返跑练习。

E.听信号做20米跨步、侧身并步跑练习。

F.听信号做60米的多人竞速练习。

②动作速度训练

A.30秒快速跳绳练习。

B.30秒快速俯卧撑练习。

C.原地快速小步跑、高抬腿、后踢腿练习。

D.原地快速拍球竞赛练习。

E.原地近距离两人快速传球练习。

F.听信号按照慢—快—最快—快—慢的节奏进行原地小步跑或高抬腿跑练习。

③移动速度训练

A.分别练习10米、20米、30米快速跑。

B.分别练习10米、20米、30米快速往返跑。

C.听信号进行快速前进跑、快速变向跑的练习。

D.完成30米快速接力跑练习。

E.利用下坡做30~50米的快速跑练习。

速度素质训练需要连续进行才能见到效果。而且，为了提高训练效果，应该选择在中枢神经系统处于较为兴奋的状态下进行速度素质的训练。一般都会在训练的前段时间安排速度训练。

（3）耐力素质训练。耐力是指人体进行长时间运动的能力。耐力又可分为肌肉耐力和心血管耐力。耐力素质训练内容一般包括负重跑、各种静力练习、越野、跳绳、长跑、游泳、踢足球、打篮球等。在训练方法上一般分为持续训练法、重复训练法、间歇训练法和循环训练法。

①持续训练法。持续训练法是指通过相对较长时间地持续地进行训练来达到目的的训练方法。它的核心数据指标为保持消耗 60% 左右体力的运动强度，保持 130~160 次 / 分的心率，不间歇地进行训练，具体的持续时间要根据运动者的基础条件和训练目标而定。

②重复训练法。重复训练法是指在不改变动作结构、运动负荷和运动频率等条件下反复进行练习的方法。强度要保持在消耗 80%~90% 的体力的范围内，心率保持在 110 次 / 分左右，每组的间歇时间根据训练内容的不同而不同，间歇过后要在机体刚刚恢复时便再次投入训练中，这样可以发展速度耐力和专项耐力。

③间歇训练法。间歇训练法是指在机体尚未完全恢复的时候便进行下一组练习的训练方法。比如，在一组练习后，做短暂的休息，但是在机体还没完全得到休息时就开始下一组练习。间歇训练法的强度要保持在消耗 60%~80% 的体力之间，心率在 160~180 次 / 分之间，间歇结束时的心率是 120~140 次 / 分之间。间歇训练非常有利于心血管系统耐力的发展。

④循环训练法。循环训练法要求根据训练的具体目标设计出不同的训练内容，并建立若干个练习站，训练时要求运动者按照规定的顺序和路线完成各项练习任务。一般来讲有以下三种方案。

A. 持续训练。各站点之间不做停歇，连续进行数遍练习。这种方式特别适合发展一般耐力和力量耐力。

B. 重复训练。在保证每个站点运动的负荷强度的前提下重复进行训练。比如，每个站点运动的负荷强度都保持在消耗 80% ~90% 的体力之间，间歇时间为机体刚刚基本恢复，便立即投入下一次的练习。这种训练是发展速度耐力的最佳手段，同时也有助于发展力量素质、速度素质。

C. 间歇训练。严格控制休息时间，使机体在尚未完全恢复时便进行下一站的练习。这种训练对于发展速度耐力、力量耐力和力量效果明显。

（4）柔韧素质训练。柔韧素质包括机体的关节、韧带、肌肉和皮肤的伸展能力和弹性,以及神经系统对机体的调节能力。

柔韧素质的训练内容包括前臂绕环和摆动、手腕绕环、拉肩、屈臂绕环、振臂、前后屈腰、肩绕环、体侧屈、腰绕环、扩胸、髋关节绕环、膝关节绕环、膝关节屈伸、踝关节屈伸绕环、压腿、踢腿、劈叉。可采用快速拉长和慢张力拉长练习来拉长肌肉和韧带。快速拉长练习有助于韧带获得良好的弹性和收缩性,同时促进肌肉爆发力的提高。慢张力练习则有助于提高关节、韧带的伸展性和灵活性。

(5)灵敏素质训练。灵敏素质是指机体在感官系统收到信号后迅速做出反应的能力。比如在听到教练的口令或者看到信号后,大脑可以迅速做出协调和应对:可能是改变原来的运动速度、也可能是改变原来的运动方向、频率等。总之,要快速地做出判断和调整,以获得对自己最有利的运动效果。灵敏素质的提高需要反应能力、力量、速度和协调性等多种能力的协调。

灵敏素质的训练内容有听信号变向跑、上下肢配合动作、两人对面迅速抢拍对方背部、垫上滚翻等。训练方法:按视觉或者听觉信号,迅速而准确地完成规定动作。

第五节　冲浪运动的开展与训练

一、冲浪运动概述

冲浪运动是人体利用冲浪板驾驭海浪的一种水上运动。冲浪运动是一项充满刺激与动感的水上运动,进行此项运动时冲浪者除了冲浪板以外几乎不借助任何其他工具,仅凭身体的平衡能力和力量在海浪上自由驰骋。冲浪运动要求运动者必须具备优秀的平衡能力和运动技巧,同时还应具有在风浪中长距离游泳的能力。

冲浪运动由澳大利亚兴起,这和澳大利亚的地理位置和气候特征密不可分。澳大利亚四面环海,气候温暖,多日照而少阴雨,常年都适合开展水上运动。因而,澳大利亚人非常喜欢各类水上运动。年轻人尤其喜欢冲浪,因为冲浪不仅炫酷而且也符合他们喜欢冒险的天性。

冲浪运动起源于波利尼西亚。它在当地社会、宗教和神话中都占据着重要的位置。在波利尼亚只有冲浪技艺最好的人才有资格担任部落的酋长。酋长可以拥有由手艺最好的匠人用最好的树木制作的冲浪板。一块出众的冲浪板是酋长的身份的象征,而过人的冲浪技术更是其威信的基石。在原始的波利尼西亚社会里,最好的海滩和冲浪板只属于统治阶级,普通阶层的民众只能在普通的海滩冲浪。但是,民间的冲浪高手也可以凭借高超的冲浪技艺改变自身的阶层、获得特权。由此可见,冲浪在波利尼西亚社会具有多么重要的文化地位。

二、冲浪运动的种类

(一)竞速冲浪

目前世界冲浪的直线速度记录为 94 千米 / 小时,而一般的运动者速度大概在 40~50 千米 / 小时之间。竟速冲浪中过弯技术非常关键,它是在冲浪过程中能够自如控制方向和保持稳定的前提。

(二)曲道冲浪

曲道冲浪特指绕浮标的冲浪。除了速度之外,稳定性、过弯与角度都是曲道冲浪最吸引冲浪者的地方。曲道冲浪相对而言更加细腻和柔和,因为曲道冲浪的水域相对宽广,而且浪较小,一般通过曲道来增加难度和挑战性。曲道冲浪也适合大多数的冲浪爱好者,因为它的危险系数相对较低,只要具有基本的游泳技能,即便不慎落水也很少出现受伤的情况,而且对于初学者而言,也不需要克服强烈的恐惧或者其他心理障碍。

(三)浪区冲浪

浪区冲浪难度较高,只有非常成熟或者技艺高超的冲浪选手才能驾驭。它要求冲浪者在过浪、浪前转向、上浪、下浪、飞跃、空翻、浪上 360 度空翻等技术方面都有过硬的功底。同时,除了能轻松驾驭这些冲浪技术以外,冲浪者还要对海流、潮汐、地形及浪况具有准确的分析和判断能力,否则会很难进入状态。

(四)花式冲浪

花式冲浪顾名思义是指一些富有创意和形式丰富的冲浪。它一般是在碎浪区或平水区进行,冲浪者通过做较大的动作来体现冲浪的技巧性和娱乐性。如跳跃、空翻和空中转向等。尽管花式冲浪的场地是海浪较小和平稳的水区,但是其技巧难度偏高,风险也偏大,是只有行家里手才能挑战的冲浪。也就是说冲浪者只有在掌握了一定的冲浪基础之后才可以学习花式冲浪技术,并且一定要在专业教练的指导下进行,以避免练习中意外受伤。

三、冲浪运动训练

冲浪是一项入门简单但晋级十分困难的运动。它不仅需要冲浪者具备良好的综合身体素质,还需要冲浪者进行经年累月不间断地练习,冲浪者只有同时满足这两个条件,才能获得实质性的突破。

就冲浪运动而言,它的最大特点也是它的难点在于,与滑板、滑雪等板类运动不同,冲浪运动的运动者不可能通过在一个固定的坡或者相似的环境下进行反复练习来达到技术的掌握。在大海上,没有两道海浪是完全一样的,因此,不可能通过重复同一练习达到熟练技术的目的。比较之下,学习冲浪的人需要投入更多的时间和精力进行练习,但这同时也有助于运动者积累海量的海浪经验。一般来说,冲浪运动的训练可分为体能训练、人体冲浪训练和冲浪板冲浪训练。

（一）体能训练

进行冲浪运动时,人体几乎每时每刻都在运动之中,这对体能的消耗是非常大的。而且,为了保持身体的平衡,能够及时掌控方向和速度等,冲浪者需要随时调动全身的各个肌群参与运动。也许正因为此,冲浪爱好者都拥有一副好身材。为了获得冲浪的高超技能,需要冲浪者平日里进行全面的体能训练,包括力量、耐力、爆发力、平衡能力、灵敏等等训练。其中尤其重要的是加强对肱三头肌的训练,这对冲浪者掌握冲浪技术十分重要。

（二）人体冲浪训练

初学冲浪者一般都是从人体冲浪的训练开始,经过训练逐渐掌握了基本技能和水感之后再过渡到用冲浪板冲浪的。

人体冲浪是指冲浪者先游离海岸等待大浪,当大浪冲向海岸时以侧泳的方式游向海岸。随着海浪的卷起,冲浪者会被带到浪峰上。此时冲浪者努力转身使自己面部朝下,同时背部拱起,双臂放在身体两侧。然后保持这一身体姿势等待被海浪冲向岸边。当海浪逐渐消失,冲浪者随即张开两手帮助减速。这样的练习能够帮助初学者体验海浪的节奏、力量、角度,通过多次练习之后,初学者会逐渐积累一些与海浪相处的基本技能,以及身体借助海浪滑行的平衡感和综合体感,而这些都将为学习和掌握冲浪板冲浪技术奠定基础。

(三)冲浪板冲浪训练

冲浪板冲浪的过程为冲浪者以腹部趴在冲浪板上的姿势,用双臂划水至海浪成型的地方,并努力保持在海浪的前面,等大浪开始冲向岸边时,冲浪者迅速起身站立在冲浪板上,一脚在前控制平衡,一脚在后控制力度和方向,通过不断地调节身体的重心来驾驭冲浪板横过波面滑行。优秀的冲浪者可以在短短的 20~30 分钟内,凭借绝佳的平衡能力,通过和冲浪板的配合横过数个波面。一般而言,大部分冲浪者会选择站在冲浪板的中央或靠后的位置来控制方向,但也有少数运动者能够将自己的重心移到冲浪板的前端,后者的技术难度相对更高。在训练的时候需要遵循由易到难的原则,随着自身技术水平的提高而逐渐挑战更难的技巧。一般情况下,冲浪板冲浪技术练习应按以下程序进行。

(1)系好皮带。通常练习者需要把后脚和冲浪板的尾部绑紧。

(2)趴在板上。以腹部为支撑趴在板的正中央,使双脚在板末端的一段距离之外。然后选择在海浪较少的海滩练习,注意刚开始练习的时候要尽量避免接触海浪,应先在海边波浪相对平缓的区域熟悉水性,体会身体控制冲浪板的用力的感觉。

(3)滑行。接下来是滑行练习,这时候仍然以腹部为支撑趴在冲浪板上,同时用双臂练习滑行,滑行时感受肌肉的用力,体会对板的控制感,可以用手抓住靠近胸部的板的边缘来辅助控制方向。

(4)起身。起身是指冲浪者从俯卧到站立起来的弹起动作。这是冲浪运动中的关键技术动作,需要大量的练习。首先,在快速有力的移动中用手臂撑起身体,双脚此时调整为一脚在前、一脚在后的姿势。通常把左脚在前称为正脚,右脚在前称为反脚。只要前期有较好的趴板和滑行训练,起身动作并不是很难做到,但是无论在哪种海浪情况下都能稳稳地起身并前行,才算熟练地掌握起身技术。

（5）保持平衡。起身后,就要考验身体的平衡能力了,在这个过程中膝盖始终要保持弯曲,双脚配合控制冲浪板。双臂放松在空中伸展并负责控制身体的平衡。用身体的前倾来降低重心。

第七章

空中运动的科学开展与训练

　　空中运动是一种新兴的运动,在我国包括高空弹跳、跳伞、热气球、高低空绳索、悬挂式滑翔器滑翔、滑翔翼滑翔等项目,一些空中运动还被收入了世界运动会的项目之中。本章主要对蹦极运动、热气球运动、滑翔伞运动进行介绍。

第一节　蹦极运动的开展与训练

一、蹦极运动概述

　　蹦极也称高空弹跳,跳跃者需站在约40米(相当于10层楼高)或40米以上的桥梁、塔顶、高楼、吊车甚至热气球上,把一端固定的一根长长的橡皮条绑在踝关节(或其他部位),然后两臂伸开,双腿并拢,头朝下(或以其他姿势)跳下去。绑在跳跃者身上的橡皮条很长,足以使跳跃者在空中享受几秒钟的"自由落体"的快乐。当人体落到离地面一定距离时,橡皮绳被拉开并绷紧阻止人体继续下落,当到达最低点时,橡皮绳再次弹起,人被拉起,随后又落下。这样反复多次直到橡皮绳的弹性消失。蹦极是近年来新兴的运动游憩项目,但是运动成分少,娱乐体验成分多。

　　蹦极时,人由于自身的重力而下落。当弹跳者跃下时,高空弹跳绳会伸展从而吸收坠下的能量,被拉伸到一定程度的高空弹跳绳又会产生向上的弹力,把人拉上去。正是在这上上下下的变化中,弹跳者可以体会到极大的刺激。最终,随着能量的消失,蹦极弹跳者的摆动会静止,再被现场人员从水面或地面带回来。

基本上,弹跳绳应当短于跳台的高度,并且允许它至少有 20% 的伸展空间。当弹跳绳绷直后,再对弹跳绳施力,张力会逐渐增加。最初的张力小于跳线的力。在某个时间点,张力等于跳线的力,加速度为零。然后拉伸持续,弹跳绳加速度提高,产生向上反冲的力量。绳索的最上端紧系高空跳台的绳索段,通常为一个强力弹簧这样可以增加弹力并起到缓冲作用。①

蹦极虽然尽力在安全上做了许多措施,但仍具有相当大的危险性,心脏病、高血压、气喘、高度近视者以及怀孕妇女、体重过重(90 千克以上)者,皆不宜参加该活动。

(一)蹦极的设备

蹦极必须有环境条件,要有高大的下方悬空无墙壁的设备,如峡谷上的大桥、起重机、热气球或直升机等。设备的高度通常超过 100 米,澳门旅游塔甚至设计了 233 米高的高空弹跳场地,但是澳门塔使用了钢丝绳与绳索减速系统,安全性提高了很多。蹦极的第一阶段为自由落体,此时绳索松散地挂在身体上,坠落与摆荡充满变数。绳子太长、松脱、断裂通常是致命事故发生的原因,此外在摆荡中擦撞、撞击山壁、建筑墙壁等,也可能造成人员轻重伤。

(1)高空起跳台。至少需要 40 平方米,为弹跳者、3~5 名工作人员及其相关器材提供空间。

(2)安全背心、腰带、锁扣与弹力绳:背心、腰带必须紧扣,一般上面的绳扣为保险绳,套系脚踝的绳索是主绳。

(3)安全头盔、手套。要佩带安全头盔和手套,防止擦撞山壁、墙壁。

(4)下方接应。许多弹跳活动中,等绳索静止后,需要下方接应人员解开绳扣。如果参加者低空落入水中,则要接应人员用橡皮艇接回。

(二)蹦极行动准则

(1)蹦极弹跳有数种绑系方式和跳跃法:绑腰后跃式、绑腰前扑式、

---

① 徐菲菲,林雨莊.运动旅游[M].南京:东南大学出版社,2019.

绑脚高空跳水式、绑脚后空翻式、绑背抱胸蹲跳式、双人合绑式。

（2）蹦极弹跳发生意外的原因包含：绳索太长、弹跳者体重过重、弹跳台设施不良、绳索松脱、绳索断裂等，因此必须有精密的计算与安全准备。

（3）即使安全准备都做好了，弹跳时弹跳者本身仍可能受到伤害，主要包含脑部急剧充血、心脏经不起负荷、血压急剧增高、视力损伤、视网膜出血、骨折、颠簸导致颈椎伤害、中风瘫痪、绳索缠绕脖子、免疫系统受损等。

因此许多国家或地区不开放蹦极弹跳活动，或者约束高度、绳索、安全设施与相关设备等。

（三）蹦极场地规划准则

1. 设施环境选择

蹦极的场地，以高山峡谷最为理想，因为景色优美，能使参与者获得身心完全解放的感受。在峡谷跨桥上系绳，45~50 米为理想高度。弹跳者静止后要离水面数米，解扣落水后，可由水面橡皮艇接回。

电视塔、超高层大楼、中庭挑高（至少 40 米）也可以弹跳，但是要考虑到钟摆效应，必须计算钟摆圆锥形周边是否会碰撞到建筑物的墙面。

超高起重机也是常使用的高空弹跳工具，单点悬臂悬空，坠落体的钟摆空间也足够大。

2. 观众席的位置

许多地区将蹦极设置于著名风景区或城市地标点，固定收费或提供表演。观看的人通常比亲身体验的人多很多，因此需要预先规划足够的观众观看空间，观赏距离、位置高低、交通可达性、安全性，服务设施等都需要考虑。

3. 工作人员及设备

包含起跳点的准备空间、人员与设备安全检查、进出动线、广播与通讯等。水面或地面必须有接回弹跳者的工作小组，安全地接回弹跳者，并对其进行健康检查。

二、蹦极运动的跳跃方法

（一）绑腰后跃式

此跳法要求弹跳者绑腰站于跳台上采用后跃的方式跳下。这样的动作为弹跳初学者的第一个规定基本动作。弹跳时仿佛掉入无底洞。约 3 秒后突然往上反弹,反弹持续 4~5 次。当定神观看时,自己已安全悬挂于半空中。整个过程约 5 秒,真是紧张又刺激。

（二）绑腰前扑式

绑腰前扑式跳法要求弹跳者绑腰站于跳台上以向前扑的方式跃下。此种跳法与绑腰后跃式类似,但弹跳者面朝下,会真正感受到恐怖与无助,当弹跳绳停止反弹时能真正享受重生的喜悦。

（三）绑脚高空跳水式

此跳法为弹跳者表现英姿的跳法。弹跳者将装备绑于脚踝上,面朝跳下的方向站于跳台上,如奥运选手跳水时的情形。弹跳者倒数五个数后展开双臂,向下俯冲。

（四）绑脚后空翻式

绑脚后空翻式跳法是难度最高的跳法。将装备绑于脚踝上,弹跳者面向跳台方向站于跳台上,展开双臂向后空翻跳下,此种跳法需要一定的腰力及十足的勇气。弹跳者可在体验过前几个跳法后,向自己的勇气挑战,进行此种跳法。

（五）绑背式

此种跳法给弹跳者带来的恐怖感最强烈。弹跳者将装备绑于背上,双手抱胸双脚往下悬空一踩,跳下后仿佛由高空坠落,顿时感觉大地悬转,地面事物由小变大。整个过程时间不长,却会带来极度刺激的感觉。

（六）双人跳

双人跳法有助于增进恋人或亲人之间的感情,因为弹跳者于空中反弹时,弹跳绳将两人紧紧扣在一起。当然,双人跳时一方必须要有蹦极经验,两人才能进行此项甜蜜又惊险的运动。

第二节 热气球运动的开展与训练

一、热气球运动概述

（一）热气球的起源

热气球原来是慢速度航空器,现在变成休闲运动游憩工具。它配备有用来填充气体的袋状物,当充入气体的密度小于其周围环境的气体密度,且由此压力差产生的静浮力大于气球本身与其负载物的总重力时,气球就可浮升。

热气球早先装载氢气或氦气,现在普遍采用瓦斯炉烧热空气法。当往下开口的大气球充满热空气后,大气球及其装载物便能上升。热气球顶部有活动开口,借由绳索释放出部分热空气后,便能下降。热气球最高能上升到3万米以上的高空,最远能跨越太平洋、大西洋。

热气球可分为密封充气热气球和加热热气球两类,二者原理相同。即让气囊内的气体密度小于气囊外的空气密度,借此产生浮力,当浮力大于热气球及其负载的物体的总重力时,热气球就可以向上飞行。当气囊内的气体的密度变大时,浮力变小,若浮力小于热气球及其上负载物的总重力,滞留于空中的热气球便会因所受的向下的力大于向上的浮力而缓缓降落。

旅游休闲用的热气球大多是气囊加热热气球,必须把握清晨4至8点时段,趁大地或山谷还遍布冷空气时,加热气囊内的空气,使热气球上升。太阳升起以后(温度太高)、夜晚(看不见周围和地面)、风雨天气(紊流多)等情况下不好操控热气球,因此不适合开展热气球活动。热气球不是好的飞行器,因为它只随气流移动,很难操控方向,但是以旅游休闲为目的的热气球能给参与者提供愉快有趣的飞行体验。

热气球慢起慢落,一个吊篮可以装乘客 3~4 人。有经验的飞行员可以保证热气球飞行的安全,但是飞行过程中要回避雷雨、高压电塔及军事设施区。在有些较谨慎的地区仅开放系留气球,也就是用长长的绳索系住热气球,如放风筝般,不允许热气球失去控制地到处乱跑,使其起飞与降落都在一片大草地上。

安纳托利亚高原的卡帕多西亚地区山峦起伏、沟壑纵横,沟壑与谷涧之中,是一片又一片的"石柱森林",林林总总的石柱,冲天而立,形成独特的景观。这些石柱表面光洁,随着阳光和云影的变幻不断改变自己的色调。这种天然的地理条件使卡帕多西亚成为地球上最适合乘热气球的两个地方之一。成千上万游客慕名而来,想要一睹奇石区的风采。卡帕多西亚热气球让游客在低空中俯瞰奇石林的壮观与美丽,满足了游客心理上对旅游体验多样化的诉求。

(二)热气球的设备

(1)气囊。热气球主体为气囊,在气囊下方通常悬挂吊篮。气囊是用轻柔坚韧的织布(尼龙布或聚酯纤维布)制成的。

标准热气球的体积分为几个等级:7 号球,容积为 2000~2400 立方米;8 号球,容积为 2400~3000 立方米;9 号球,容积 3000~4000 立方米;10 号球,容积为 4000~6000 立方米;非圆球体,就是缝制成熊猫、卡通人物等特殊形状的热气球,大多参考 7 号球或 8 号球的容积。

最常见的运动游憩热气球(AX 型 7 号不密闭气囊热气球),直径约 16 米,一般填充空气 2144 立方米。热气球加热后空气总质量会由 2765 千克减少至数百千克,可以装载吊篮、瓦斯桶、燃烧器、器材及 4 个成人。

(2)吊篮。大多由藤条编织而成,质轻坚韧,着陆时能起到缓和冲击的作用。吊篮长宽约为 1.4 米和 1.1 米。吊篮四角放置 4 个热气球专用液化气瓶,含计量器。吊篮内还装有温度表、高度表、升降表等飞行仪表。

(3)飞行仪表。显示大气压力、海拔高度、风速、升降速度、球囊温度、GPS 坐标等。

(4)无线对讲机。飞行场地大多空旷,可能接收不到手机信号。飞行距离比较远时,需要使用无线电对讲机与地面通讯,报告所在位置及预备降落的时间、地点。空中也要随时接收天气变化情况,提前准备应变措施。

（5）燃烧器。燃烧器是热气球的心脏,通常用比一般家庭用煤气能量大 150 倍的燃烧瓦斯气。点火燃烧器有强风吹不灭的设计。

（6）燃料钢桶。热气球常用的燃料是液化瓦斯气,气瓶固定在吊篮内。一只热气球能载运 4 个钢桶共 80 升的液体燃料。点火燃烧时,火焰有 2~3 米高,并发出巨大的燃烧声响。

（三）热气球行动准则

（1）飞行时间。早晨太阳刚刚升起时或傍晚太阳下山前 1~2 个小时内是热气球的最佳起飞时间。因为此时环境温度低,风速、气流也比较稳定。大风、大雾天气都不利于热气球的飞行。

（2）风速。小于 6 米 / 秒(5 级风以下),能见度大于 1.5 千米,而且飞行空域没有下雨,上升气流少,才适合自由飞行。

（3）飞行持续时间。运动游憩的热气球大约能持续飞行两个小时,但是当日的气温、风速、吊篮质量、乘客质量都会影响飞行的持续时间。

（4）起降场地。需要 1000 平方米以上的开阔场地(包含摊开球皮作业及观众空间),周围要无铁塔、电线及高大建筑物。如果有许多组热气球则需要一个很大的高台草地、沙滩或运动场。

（5）起飞。热气球起飞需要由多个人组成的团队完成地面上的许多工作。先是将球囊在地面上铺展开,然后用缆绳将球囊与吊篮系结在一起。用一个小的鼓风机,将空气吹入球囊,使球囊逐渐地膨胀,当球囊完全撑开后,大瓦斯炉开始点火,加热球囊内的空气,使气囊逐渐升到吊篮的上方位置,此时,热气球就可以准备起飞了。人员进出吊篮时必须注意升力与重力的平衡。

（6）空中升降。热气球的上升动力是燃烧器,它随风而行,无法控制方向。但是有经验的操控员可以根据气流、风速、加减燃烧火力、开闭球顶的气阀门、控制升降或借由不同的风层引导气球的方向。燃烧火力加大,热气球气囊内的热气温度升高时,气球的浮力变大,就开始上升,燃烧火力减小,气囊内的空气温度降低,气球的浮力变小,小于设备与人员的总重力,气球就开始下降。热气球最大下降速度为 6 米 / 秒,最大上升速度为 5 米 / 秒。

（7）空中避让。多组热气球或飞行器在同一个空域中时,必须保持安全距离(40~80 米),否则会纠缠、着火或出现其他危险。高度在上的热气球要先上升或移开,避让下方的热气球。

（8）下降着陆。当天气不良或燃料快用完时,就必须准备下降着陆。系留热气球有一根绳缆系着,可以拉回原起飞的场地降落。没有绳缆栓系的自由飞行热气球,必须靠操控员的判断,缓慢降落到草地、沙滩上。不得已时可降落在牧场、农田中,最坏的情况就是降落在大树、电线杆等物体上,此时必须等待救援。

（9）操控员。热气球随风而行,但还是需要熟练的驾驭人员。由于风在不同的高度有不同的方向和速度,操控员必须读取飞行仪表,操控热气球到适当的高度与方向。

（10）防火及应变。即使熄火,热气球也不会急剧下降。但是必须预防操作不慎导致的气囊着火,所以乘员宜穿着纯棉质长袖,预防气囊着火时衣服直接黏附在身上。如果降落时卡在树顶或电缆、电塔上,要静待救援。为预防落入水面,吊篮内也须准备救生衣。

二、热气球运动训练

（一）起飞技术

一个热气球的起飞至少需要四个人的共同作业。首先,在地上把球囊铺展开,然后,将它与放在一边的吊篮连接在一起,用一个小的鼓风机,将风吹入球囊,最后,将火点燃加热在气囊内的空气,热空气使气球升到垂直于吊篮的位置,当气球立起来时就可以起飞了。

（二）驾驶技术

热气球是随风而行的,并非真的被"驾驶"。由于风在不同的高度有不同的方向和速度,驾驶员可以根据飞行需要的方向选择适当的高度。

（三）速度控制

热气球飘飞速度的快与慢,是由风速决定的,因为热气球本身并没有动力系统,飞行速度完全取决于风速。热气球最大下降速度为6米/秒,最大上升速度为5米/秒。

（四）飞行时间

在一天当中,太阳刚刚升起时或太阳下山前1~2个小时,风很平静,气流也很稳定,是热气球飞行的最佳时间。

如果携带足够的石油液化气或丙烷,一只热气球通常能持续飞行2个小时,但热气球飞行的持续时间也受其他因素的影响,例如气温、风速、吊篮(包括乘客等)质量和起飞的具体时间等。

（五）复原

热气球恢复原状需要地勤人员的帮助,地勤人员驾驶卡车或小货车跟随飘飞的气球,预先到达降落点,在热气球降落后,开展复原工作。

第三节　滑翔伞运动的开展与训练

一、滑翔伞运动概述

滑翔伞飞行是无动力飞行的一种,它依靠的是地球引力,滑翔器下降(速度低于1.5米/秒)的同时会获得高于16米/秒的向前飞行的速度。它体现了一种人与自然的交流,备受崇尚自然者的喜爱。

（一）滑翔伞运动着装

滑翔伞运动是一项户外体育运动项目,运动过程中不可避免地会有碰撞等危险发生,如果保护不当就有可能造成损伤。所以,飞行训练时对着装有一定的要求。

主要装备有头盔、手套、飞行靴、防护眼镜(防风沙、紫外线)、飞行服(或长袖运动服)。平时户外运动较少或正处在地面训练阶段的人,要戴好护膝和护肘,以免造成伤害。

（二）背带系统

背带系统一般结构为五点连接式:胸带、两腿带、两交叉带。
胸带的宽窄(两主伞钩的距离)直接影响到伞翼的升力和灵敏程度。

其原理如下。两操纵带距离远时,伞翼两侧翼尖距离远,因而伞翼投影面积大,翼展投影较长,展弦比较大(即翼展大)。当翼内压力不变时,如果伞翼刚性较差的话,虽然灵敏度会更好,但是稳定性会受影响,可控性减弱。

两腿带的作用是将飞行员固定在背带系统内,避免飞行员在飞行中从背带系统中脱出。腿带松紧要调整适宜。

交叉带的作用主要是加强两侧翼面操纵的协调性。另外,当伞翼受到气流影响出现折翼等情况时,它可起到抑制状况恶化的作用。

背带主伞钩高度(从主伞钩到背带座板的距离)也是一个非常重要的指标。由于飞行员处在坐姿时的重心高度是一定的,所以当主伞钩比重心位置高时,人体的移动对伞的作用较小,而重心高度高时,身体轻微的移动都会造成伞较大幅度的变化。

另外,背带系统的腰带、肩带对飞行时运动者的舒适感影响很大。调整飞行员坐姿的后仰角度,长时间飞行时后仰 15~35 度最为舒适。肩带的长短主要根据身高情况来定:肩带太短,飞行员很难直起腰来坐好,更谈不上后仰,飞行中会很不舒服;肩带过长则背带松,两肩带好像要从肩上滑脱,有一种不安全感。

有很多背带系统还有座板深度调节。一方面它可以改变坐姿的后仰角度;另一方面它还会影响到主钩的高度位置,对移动重心转弯操纵有所影响。

二、滑翔伞运动训练

(一)起飞技术训练

反手的起伞动作,有好几种方式。习惯、熟练度和起伞方式都会影响起伞的成功率。起伞的成功率会牵涉到飞行的自信心,因此介绍这种左拉右钩的反手起伞方式。这种方法有诸多的优点。除了全程操纵环(又称刹车或操纵棒)不离手,免于转身后找操纵环,徒增不必要的潜在危险外,伞翼扬升时全程可轻松操控修正,也是这种起伞方式最大的优点。只要勤于练习相关动作,通常一次就能起伞成功。

铺好伞,确认伞绳无穿绳问题后,就可以正面钩好主提带、加速器,拉开操纵环,完成正面起飞的准备(无须抓 A 组伞绳)。右转身,左手找出并握住两边的 A 组扣环部分,确认所有的 A 组伞绳都在最上缘,右手钩住左操纵绳,完成反手起飞的准备。反复练习,熟练后,可面对伞完成所有准备动作。

背逆着风,往后退的同时,拉提起 A 组伞绳,让伞衣下缘面吃风成型并让伞绳撑直,停止动作,身体前倾,使伞保持最佳的起始准备。依前项的动作,视风速的大小调整后退的速度(记住保持身体正面和伞平行),拉提 A 组伞绳在风口不前盖的前提下,以最大行程为原则,使伞扬升,幸运的话不需调整就能使伞正确地到达头顶。如果扬升的过程里,有一边比另一边过快的情形,可用操纵环来调整。假如面对伞时伞的右边过快要右手钩住左操纵环,拉操纵环阻止它过快。相反的,如果左边过快,要拉右操纵环,加以修正。

要用适度的手臂动作和向前跑动使伞衣充气。在为风速 2~3 米 / 秒的情况下,伞衣会被风吹起而站立在头上。但当无风或微风时,两手必须尽量张开大一点而且向上伸直,向风吹来的方向跑,并且要一边抬头观察头上伞衣的状况,一边跑。风由风口进入,弄鼓了伞衣,这时双手便会感觉到有抵抗力(阻力),这时前组操纵带要一口气压到前面来(前组带不要握太紧,才可感到压力)。当伞衣在头顶正上方时,保持这个姿势,加快跑步的速度,就会感觉到有股浮力将身体向上拉起。此时前组操纵带会自然地离开手掌,这时需握持着两个操纵环,双手臂向上伸直,身体要略向前压给伞绳一个压力,以防伞衣因为突然失压而伞绳无法系绷而倒塌,并且继续加速向前跑。如果伞衣的速度比飞行员的速度快,则稍稍拉下两边的操纵绳减速,以保持伞衣在头顶的位置。

起飞过程中若发现问题,应中止起飞。开始跑步以后,伞衣会在自己的头顶正上方张开,基本上如果空气由风口灌入,翼型便适度地形成,但有时伞衣并不是在头顶正上方,而是倾斜地拉起。这时要对伞衣进行调整和修正,慢慢拉下倾斜一方的相反方向的操纵绳,人同时要向中央下方跑去,以使伞衣回复到头顶的正上方。这时,如果操纵绳未及时放回而继续拉着的话,伞则会向着拉操纵绳的这一边倾斜。所以操纵绳的调整,并不是在伞衣到达头顶的正上方时停止,而是必须在伞衣到达头顶正上方前面一些的位置时停止。

当你感到身体越来越轻时,把你的双手和操纵带上移至飞行时的位置(操纵环与肩齐高),继续跑直到升空。严禁蹦跳!

因为伞速的关系,通常在伞到达头顶之前,就必须把 A 组伞绳放掉,建议是 80 度上下,否则会来不及控制伞。因为是反身的关系。左右要搞清楚。在起飞过程中也要注意诸如伞绳纠缠等等的不正常现象,一切妥当后,要以最快的速度转身。微带煞车稳定伞翼,前冲。

如果风速不够,身体后移要快,修正伞要更柔和,所有的动作要更连贯。拉提 A 组伞绳的最终位置,最好在左肩部分(也就是说,人在伞正中心稍偏右方一些),以利转身。

对于反手起飞者来说,其他起飞时应注意的各种要领依旧要注意。需要注意:

(1)为使我们放掉操纵环时,不至于操纵绳整条飘走,需设有固定滑轮。

(2)风速过强时,可拉 A 伞绳组最里面的一条伞绳。这样的目的是使伞的中央部分优先成型。易于强风起飞。

(二)上升技术训练

滑翔伞自身没有动力,必须依靠外力进行爬升。天气晴朗时,飞行员通过控制飞行方向进入热气流可以爬升到当天积云的高度(通常为 2000~4000 米)。或者在风力较强时依靠山形造成的动力气流徘徊在陡坡峭壁之间,但通常依靠动力气流得到的高度有限,基本相当于山的高度。

能够最快最有效地利用气流,一直是滑翔伞飞行员的追求。越野竞速的过程中,在横向空间里的前进速度与在纵向高度上的盘升速度一样至关重要,二者都是衡量飞行员水平的关键因素。

在横向空间里的前进速度,与加速棒的控制量有密切的关系,加速棒带着的是 A、B、C 三组伞绳,踩下加速后,伞翼的仰角减小,形成向下俯冲的角度,伞速就会提高。另外前进速度也与器材本身设计的速度、下沉率等因素密不可分。一般来说,正常巡航速度的状态下,伞的综合表现最好(速度最好、下沉率最小,转弯性能也最好)。我们的专业运动员在出国比赛时,和国外选手在这个领域里的差距不是特别明显,但在纵向高度的盘升速度和盘升方法上,往往就出现了差距。

在纵向高度上的盘升速度的提高,成为关键的技术问题。国外比赛时,开窗和关窗之间为 1~1.5 个小时。统一开窗后飞行员携带 GPS,在空中经过第一绕标点,也即出发点(如果提前进入没有关系,也可以暂时离开,在出发时间到了之后再一次绕标)。而开窗后第一梯队要做的事情是争取时间盘升到一定高度,利用这个高度来做越野飞行。在绕标后的高度补充过程中,在同一个气流里,不同的飞行员的操作技术和伞的性能的不同,就会造成盘升速度的差异。

加强热力气流的盘升速度,要注意以下几点。

(1)保持伞翼的最大投影面积,让伞的受力面积最大,才能获得最大的盘升速度。

(2)尽量抓住气流中心不要离开。

(3)身处上升气流的中心时,会感觉有力量向外推你,此时一定要压住。如果被推出,一次切不进去,反复进入几次,就会损失很多高度和时间。如果被推出来重新进去的话,按转一圈20秒,一秒上升5米来算,就会损失100米的高度,盘升速度就会比别人慢很多。

(4)在强气流中心时会感到伞的颠簸,这时要积极控伞,始终让伞翼在头顶保持平稳,让两个翼面受力平衡。动作要有提前量,还要柔和,这样才会最大程度地利用上升气流的动力,减少损耗。

(5)盘升速度与伞速有着密切的关系:伞速快的伞相对的下沉率小。比如一类的伞下沉率是1.2,而伞速比较快的2~3类伞下沉率是1.0。两者在下沉率上相差0.2,这说明伞速大的伞由于下沉率小,所获得的升力就大。

众所周知,滑翔伞的伞速和升力是成正比的。也就是说它的伞速越大,下沉率就越小,获得的升力就越大。所以,正确的方法是进入气流前要保持直线飞行,先判断气流面积是否够大,然后按照上升速率的不同,最大限度地利用、捕获气流。

(三)转向技术训练

1. 左右转弯

起伞后,手中一边握一个操纵环。操纵环的绳子连接伞翼的后沿。拉一边的操纵环,就把伞翼的这边的后沿拉下来了,这样就增大了这一边的阻力,这一边的前进速度就会减慢,而另一边的操纵环没有向下拉,阻力没有增加,前进速度就会快一些。一边快一边慢,伞就会转弯了。所以,简单地说就是要向哪边转弯就拉哪边的操纵环。注意:

(1)拉操作环时,不要用猛力,要匀速向下拉。

(2)向下拉的幅度根据你要转弯的快慢决定,需要转弯快一点操纵环就多拉点,反之则少拉一点。

（3）如是操纵环向下拉的幅度大，则拉的时间不要过长，长时间向下大幅拉着不松，伞就要进入快速螺旋下降的状态。对新手来说，这样是很能危险的。因为快速螺旋下降是降低高度最快的一种方法。而进入快速螺旋下降后，巨大的离心力容易使人的大脑失血，此时大脑就可能一片空白。如果进入快速螺旋下降，最好的办法是向上举起双手，一般1~2圈后伞就会自动解除旋转。如果伞开始快速旋转后运动者还有判断能力，可以在举起双手后再把外圈（旋转形成的圆圈）那一侧的操纵环向下拉一点，注意不能拉的太多。但也不要感到害怕，不敢使用操纵环。快速螺旋下降并不是能轻易就形成的。大约要经过一圈半的慢慢加速，伞才能进入快速螺旋下降状态，运动者完全有时间不让伞进入螺旋下降状态。当运动者觉得伞转得太快，松一点操纵环就可以了。

运动者可以通过拉操纵环，改变翼面仰角，实现转向。操纵环的位置与滑行的关系通常为双手伸直为全滑行（也就是操纵绳完全没有向下拉动），双手向下拉至双耳的位置，是为1/4煞车，继续拉至双肩为1/2煞车，拉至腰部为3/4煞车，而拉至双手伸直（大约臀部的位置）为全煞车。大致上分为这五种。其中由全滑行到1/2煞车之间，操纵环拉至不同的位置，飞行伞会有不同的反应，这实际上是以后盘旋时所必备的技巧。

操作环下拉要与转向同向：向左转，拉左边操作环；向右转，拉右边操作环。下拉时动作要柔和，连贯。

操纵环若是不平均地拉着，转弯就会持续地进行。如果要停止转弯，则将拉下的操纵环还原到原来的位置，当左右操纵环在同一个位置的时候转弯便会停止。转弯的快慢，是依操纵环拉下的多少而变化的，如果拉下很多（1/2或3/4煞车），那么翼的倾斜面会很大，转弯会很急速，摆动也会很剧烈。如果拉下较少（1/4煞车），那么翼的倾斜面会较小，转弯的速度也较慢，摆动较不明显。操纵环应拉至什么位置，使翼面倾斜至什么程度来旋转就是转弯的技巧。应该转几圈，也是以各人伞具的特性来判断的。

2. S 型转弯

S 型转弯，就是左右转弯的连续动作。我们要养成一个习惯，就是在第一次与第二次转弯之间，要做直线飞行。如果由右转要改向左转而未做直线飞行，伞翼会左右摆动得很厉害，而且要恢复平稳也相当辛苦。

3. 360 度转弯

如果 S 型转弯的动作可以做得很好的话,接着就是 360 度转弯了。在做 360 度转弯时必须要考虑高度的损失。

360 度转弯时高度不得低于 200 米。另外,有风的状况下做 360 度转弯时,会有突然飞到背风面的可能,所以必须在离山坡 200 米以外的地点开始旋转。

360 度转弯的方法和普通的 S 型转弯是相同的,但是在转 360 度之前,操纵环都要持续地拉着。其练习方法是稍拉下操纵环,使转弯的范围加大。如果转弯急速,则容易形成螺旋,下降速度也会变得相当快,高度的损失也很大,同时旋转的离心力也容易造成失速。

360 度转弯是中级的练习科目,同时也是练习热气流盘旋的必要技术,所以各种倾斜度的转弯及各种不同半径转弯的练习是很重要的。在完成各种练习时要注意以下几点。

(1)起飞及降落必须逆风,起飞姿势则依起飞场地的地形不同而有所差异。

(2)起飞前必须确定伞衣以正常的状态撑在自己的头上。

(3)小角度的转弯会造成失速速度过大,高度损失也大,所以绝对禁止在低空做小角度的转弯。

(4)在进入最后降落滑行时,无论如何转弯,眼睛都必须注视着陆目标。

(5)在进入最后降落滑行时,如果高度太高,必须以之字形路线来消耗高度。

(6)转弯时,操纵环不可拉下一点点后马上还原(一拉一放),必须持续地拉下,直到伞与人均转至预定的方向才可还原。

(7)此处所说 360 度旋转是指大范围的盘旋时所用的技巧,而非急速的螺旋旋转。

(8)做 360 度旋转时,不可越拉越多,会造成螺旋旋转。也不可一下子拉至臀部,造成水平旋转。

(9)请千万注意飞行中用眼规则。用眼注视着你要飞去的地方,而不是只盯着你要回避的物体,因为视觉常常会下意识地支配着我们的机体。

（10）在各种转弯时，必须将头置于上方，不可旋转得太急速而与伞平行。也就是操纵环还原之后到主伞的翼面恢复水平之间要有一定的时间。

但是在转弯即将结束之前，操纵环必须恢复至左右相同的位置。否则转弯将会转得太急迫。

（四）山脊翱翔技术训练

山脊翱翔有大量特殊技巧是上升暖气流翱翔所不需要的。其中之一是在强风中从坡面陡峭的山脊或悬崖上起飞的技巧。另一个是在侧风中偏航以便非常精确地按特定的地面轨迹飞行的技巧。运动者必须停留在上升气流带里，它是沿着山脊线的，所以运动者的地面轨迹是与风向正交的，运动者的飞行航向需要偏转一个角度对着风。飞行航向的实际角度要取决于风速。当运动者转弯，以调转至沿山脊的相反方向时，运动者也必须停留在上升气流带里，这可能要求运动者在转弯前略微朝向山脊漂移，否则运动者转弯时地面轨迹的半径会把运动者向山脊的前方带离太远，从而离开上升气流带。

（五）降落技术训练

着陆时是飞行员注意力最要高度集中的时候。因为大多数事故都是在着陆时发生的。只有安全的着陆，才能说明这次航行是完整的，所以着陆在滑翔运动中是非常重要的。

（1）当运动者感觉自己的高度不高，已不能向前飞行时，就要在空中向地面看，找一块尽可能大的旁没有高大建筑物的空平地。

（2）判断风向。降落时，一定要迎风降落，因为迎风就会有阻力，伞速就会慢一些。顺风时向下拉操纵环作用也不大。如何判断风向？一是根据山上被风吹动的树叶，但这一点并不太有效，因为这时往往运动者的高度还很高，看不清地面的树叶。二是地面的烟，这是最有效的。但问题是运动者经常会遇到地面没有烟的情况。三是运动者在很高的高度时就飞行一个360度转弯，顺风时伞速就会快一些，迎风时伞速就会慢一些。

（3）观察地面电线的走向，避免撞到电线上去。很大的高压电线在高空就能看见，而很矮的家用小电线就在高空看不见了，而当运动者在低空看见时，就来不及避让了。此时要注意观察电线杆。当飞行员看到准备降落的地方旁有一根电线杆时,就可以找下一根在什么地方,找到几根后就知道电线的走向了。

（4）前几项准备好后运动者就可以安心地消高准备降落了。消高的方法:在50米以上时可用360度转圈法消高或8字形转弯法消高,但在50米以下时只能用8字形转弯法消高。

（5）在高度只有20多米高时,两边同时向下拉操纵环至腰部,然后两边同时松开操纵环,这样伞就会突然加速冲向地面,这时千万不要害怕,当运动者只有10多米的高度时,再两边同时向下慢慢拉操纵环,当要接近地面时,运动者操纵环也向下拉到最大限度。这种降落方法是最标准、最好的降落方法。但对新手来说,如果没有人在地面指挥,采用此方法有一点难度。一是当伞冲向地面时,新手会感到害怕;二是拉、松、再拉操纵环的时机不好掌握。所以新手可以采用当距地面只有20多米高时就拉一点操纵环,让伞减速,再慢慢加大拉的力度,当运动者接近地面时才拉到最大限度。

第八章

户外冰雪运动的科学开展与训练

冰雪运动因其独特的开展条件,在我国东北地区得到了较好的发展并有着非常广阔的发展前景。2022年北京冬季奥运会的成功举办,为我国冬季冰雪运动的开展和发展带来了"东风",全国范围内越来越多的人成为冰雪运动的参与者和关注者。本章主要介绍如何科学地开展滑冰、滑雪运动。

第一节　户外滑冰运动的开展与训练

一、户外滑冰运动概述

滑冰是人们借助冰刀或其他器材在冰上滑行的一种运动项目。滑冰是深受北方人喜爱的运动。滑冰运动包括速度滑冰、花样滑冰等。

滑冰具有很强的娱乐性、健身性和技巧性,不受性别、年龄和体质的限制,老少皆宜。滑冰不仅能够使人们从紧张而繁重的学习和工作中解脱出来,还可以增强人们的心肺功能和身体的柔韧性,使其掌握支撑和平衡的动作技巧。

在滑冰运动中,有速度滑冰、花样滑冰等项目,其中速度滑冰占据着最为重要的地位。速度滑冰是指在规定距离内以竞速为目的的滑冰运动,是一种以冰刀为用具在冰上进行的竞速运动,是冰上运动项目之一。速度滑冰是冰上运动的源头,冰上运动的其他项目都是在速度滑冰的基础上产生和发展起来的。

户外滑冰是在大自然环境下进行的。在大自然环境下参加滑冰运动训练,运动者能获得愉悦的心理享受,但是受季节和场地等因素的限制,很多城市的人们是无法参加户外滑冰这项运动的。需要注意的是,不论是户外滑冰还是室内滑冰,其基本技术都是相似的,运动者要学习和掌握基本的滑冰技术才能参与这项运动。

二、户外滑冰运动训练

滑冰的基本技术主要包括直线滑行、转弯滑行和冰上停止。

(一)直线滑行训练

1. 双腿蹲屈支撑

(1)动作。两脚合拢平行,平刃着冰,小腿与冰面呈45度,大腿折叠使膝关节呈90度,上体直立前倾与大腿呈45度,抬头目视前方2~3米处。臀后坐,两臂自然放置背后,上体肌肉放松团身,两脚踏实,呼吸均匀,坚持30~60秒,反复练习。

(2)要求。掌握滑行的基本姿势,增强肌肉、神经系统平衡能力。初步练习时,由于维持屈蹲姿势的肌肉力量薄弱,踝关节、膝关节会不稳定,蹲屈的角度、形态达不到要求,但是随着练习次数的增多和力量的加强,动作会逐渐完善。上体倾角可为45~60度,倾角大小可根据个人上下体的比例调整。上体短于下体者角度小,上体长于下体者角度大。但是膝关节应保持90度,过大会缩短蹬冰距离,过小会拉长股四头肌造成疲劳无力。

2. 单腿支撑蹬冰

(1)动作。双腿蹲屈支撑,两脚踏实,稳定后,一腿离开冰面,后引,放松,利用惯性慢慢滑行。运动者在慢滑中掌握踝、膝、髋、头部四点一线的正刃支撑滑行和协调全身动作的技巧。

(2)要求。提高支撑平衡能力,为掌握滑行时单腿支撑动作做准备。初练时,动作不稳定,指导人员必须以正确的姿势为标准,逐步完善运动者动作,提高其动作稳定性。

3. 双腿蹬冰

在单腿支撑蹬冰基础上,快速伸展蹬冰腿,膝关节充分用力伸直,特别注意的是在蹬冰腿完成蹬冰动作前,负重上体的任务要移交给新的支撑腿。

4. 移动重心

(1)动作。双脚平行放刀,蹲屈成预备姿势,两臂自然放置背后,浮腿后伸,随后浮腿向前提至胸前,重心移至另一腿上。左右腿重复以上动作,体会重心移动,边收腿边侧倒,反复练习。

(2)要求。掌握重心移动方法,体会重心移动过程。移动重心是滑行的关键动作,每次两腿交换支撑时,都要有移动重心的过程。人体发生位移,重心也要发生变化。人体每个部位做变动都会影响重心,因此要掌握移动重心的技巧,避免出现错误技术动作。指导人员教授动作时,一定要注意动作要领,及时纠正错误。

5. 单腿蹬冰

(1)动作。双腿蹲屈成预备姿势,左腿蹬冰右腿屈膝呈单脚支撑姿势,然后左大腿前提,刀尖稍外转,支撑脚转内,重心移到左腿的同时左脚用力蹬冰。发力顺序为顶膝、压踝、展髋。最后用力快速展开膝关节、结束蹬冰。双腿交替、反复练习。

(2)要求。在蹬冰过程中上体保持相对稳定,浮腿自然收回,反复体验练习作用,掌握蹬冰要领,合理利用全身力量。初练时,由于掌握不好蹬冰的用力顺序,容易造成向后蹬冰,所以关键要掌握用力顺序,先顶膝再压踝伸膝。

6. 收腿

(1)动作。以左腿蹬冰结束时的姿势为例。左腿蹬冰结束后,先使大腿、膝踝外展肌肉群紧张,膝关节放松,刀微离冰面,大腿直接内收,同时膝弯曲后引,成右腿支撑姿势。两条大腿靠近,再提至胸前。小腿前提到刀与冰面平行为止,两腿重复练习直至正确掌握动作要领。

(2)要求。正确掌握收腿动作要领,体验蹬冰后的收腿动作。初练时,展肌不会放松,刀不平行于冰面,身体不稳定,此时要经过辅助练习,加强肌肉力量完善收腿动作。

7. 着冰

(1)动作。以右腿着冰动作为例,左腿成单脚支撑姿势,支撑腿右倾倒,同时刀转内刃,上体与支撑腿始终成一线,浮腿前提,刀尖微抬,前送约半刀长左右,外转角 5 度,由于倾倒重心已逐渐移到右腿上,此时右脚着冰,为平刃承受重心。左脚同上,反复练习。

(2)要求。掌握着冰时机、方向和方法,保证滑行方向的直线性。专项练习容易出现的错误动作是重心上下起伏,原因是膝关节不紧,蹲屈姿势不稳定,出现此类情况可以在练习中逐渐增加腿部的肌肉力量,使着冰动作一次完成。

8. 慢速直线滑行

(1)动作。通过对上述分解动作的练习,已具备在冰上慢速滑行能力,可以用布带牵引在直线中做侧蹬练习。

(2)要求。在练习时速度要慢,体会动作结构,明确动作要领,蹲屈角度要低,为快速滑行打好基础。

(二)直道滑行的陆地辅助训练

1. 姿势

(1)动作。一双腿呈蹲屈姿势,手自然放背后半握拳,上体自然放松,保持两肩于同一水平面上,避免出现一肩高一肩低的现象。目视前方,静蹲 1 分钟、2 分钟或 3 分钟,反复练习。

(2)要求。使蹲屈角度稳定,提高静力工作能力和平衡能力,注意重心的落点应在脚掌中后部,前弓角度要大,可下降臀部降低重心。

2. 引腿

(1)动作。滑行姿势,浮腿后引,脚垂于地面,大腿带动小腿前引,两腿交换重复练习。

(2)要求。提高单脚支撑能力,体会收腿时大腿带动小腿的感觉。

3. 侧蹬

（1）动作。以左脚蹬冰为例,成蹲屈姿势,左脚支撑重心,浮腿置于胸下,脚掌与地面平行,整个身体向右倾倒,支撑腿向右用力侧蹬,充分展直。在侧蹬过程中,脚掌与地面接触,浮脚成为支撑脚,此时,重心已全部移到右腿上,左腿从支撑腿变为浮腿,完成侧蹬动作,左右腿交替练习。

（2）要求。掌握蹬冰要领,为更好地完成蹬冰动作打好基础。

在练习时要注意移动重心、侧蹬和浮腿前引及三个动作环节是同时完成的。

（三）转弯滑行训练

弯道滑行既要保持高速度,还要扣住 8~12 米为半径的弯道。弯道滑行的区段是体现战术意图的重点区域,因此掌握好基本技术十分关键。

1. 原地向左移动练习

两脚左右开立与肩同宽,两只冰刀平行支撑身体,成半蹲姿势,重心移至右脚呈开始移动姿势。移动时,左脚向左跨出半步,同时重心移至左脚,右脚迅速向左脚靠拢呈开始移动姿势。左脚继续向左跨步左移。

2. 原地向左交叉步练习

两脚左右开立与肩同宽,两只冰刀平行支撑身体,成半蹲姿势,重心落于左脚,右腿向侧挺直伸出成开始移动姿势。移动时,右脚向左脚左前方迈一大步。当右脚冰刀着冰时,身体重心由左脚移至右脚,同时左脚向身体右后方蹬直。左腿收回并向左侧迈出大半步,右脚迅速跟上成开始移动姿势。右脚继续迈步向左交叉步移动。

3. 左脚支撑右脚连续蹬冰转弯滑行练习

滑行过程中,身体成半蹲姿势,重心落于左脚。左脚冰刀稍向左转,外刃着冰,同时身体左倾肩内转,右脚冰刀内刃向外侧连续蹬冰,在任意半径的圆弧上转弯滑行,双手随滑行前后交替摆动或互握置于背后。

（四）冰上停止训练

冰上停止技术主要包括犁状停止法、转体内外刃停止法和转体右刀外刃停止法等。

1. 犁状停止法

犁状停止法又称为八字停止法。滑行中上体前倾，两膝微屈内扣，重心下降，同时两刀跟外展成内八字形，用刀内刃切压冰面，直到滑行停止。

2. 转体内外刃停止法

滑行中两腿并拢，两刀平行，身体向左（右）转体90度，与此同时身体重心下降，身体向左（右）倾斜，用右刀内刃、左刀外刃（左刀内刃、右刀外刃）逐渐用力压切冰面，直到滑行停止。

3. 转体右刀外刃停止法

滑行中身体迅速向右转体90度，左脚稍扣离地面。随着转体，右脚冰刀的刀尖迅速外转，同时左腿屈膝降重心，身体向后倾倒，重心移至冰刀的后部，用右刀外刃压切冰面，直到滑行停止。

第二节　户外滑雪运动的开展与训练

一、户外滑雪运动概述

滑雪运动从历史沿革角度来说，可划分为古代滑雪、近代滑雪、现代滑雪；按滑行的条件和参与的目的来分类，滑雪可分为实用类滑雪、竞技类滑雪和旅游类（娱乐、健身）滑雪。实用滑雪用于林业、边防、狩猎、交通等领域，现已多被机械设备所替代，逐渐失去昔日的应用价值。竞技滑雪是将滑雪升华为在特定的环境条件下，运用比赛的功能，达到竞赛的目的。而娱乐滑雪、旅游滑雪等滑雪是为了适应现代人生活、文化需求而发展起来的大众性滑雪。

我们平时所听说的越野滑雪、高山滑雪等都属于户外滑雪运动，这些运动都是在大自然环境下进行的。伴随着我国冰雪运动的开展及2022年北京冬奥会的成功举办，参与滑雪运动的人也越来越多，这对于我国冰雪运动的普及与推广具有重要的意义。

二、滑雪基本技术训练

（一）身体的基本姿势

滑雪时，身体保持平衡很重要。其基本姿势是滑雪板分开，保持与肩同宽，两膝微屈，重心落在两脚弓中间或稍向前的地方。

（二）两步交替滑行

初学者应选择比较平坦的雪面，像走路一样练习两步交替滑行。熟练后可加大步幅和手臂摆动，并逐步过渡到滑行。练习时要借助雪杖增加推力并保持身体平衡。在后撑时，应尽量运用手臂和肩部的力量。

（三）两板同时推进滑行

两板同时推进滑行分加速与滑行两个阶段。两支雪杖同时向前提起，身体前倾，将雪杖插入脚侧前方20厘米左右处，向后下方撑推使身体滑行。重复此动作，以保持滑行过程。

（四）犁式滑雪法

犁式滑雪法是一种简单易学的滑雪方式，练习时先在坡度较小的雪道，双脚呈内八字形保持同一姿势降速滑行。转弯时身体重心向哪侧转移，则方向也随即向该侧转移。掌握转弯技术后，两板可平行向下滑行，加快下滑速度，或到坡度较陡的雪道进行练习。

三、高山滑雪技术训练

（一）双板原地练习动作

练习场地：平雪地。

1. 高山滑雪站姿

上肢放松,背部线条与小腿线条平行,注意不要过度弓背。目视前方,膝关节微屈,呈 120 度左右,双臂放在身体两侧,双手自然前伸,双板平行均衡负重,双板的间距同髋同宽。

2. 站姿——重心的前后移动

重心向前:保持基本站姿,身体大幅度向前倾斜。
重心居中:保持基本站姿,身体微微前倾。
重心向后:保持基本站姿,身体大幅度向后倾斜。
重心的移动:注意滑雪时要随着坡度的大小适当调整重心的位置。

3. 向上提引

双脚穿雪板,从基本站姿开始,双板不动,踝关节、膝关节、髋关节做屈伸动作,双臂保持不动,做向上提引,练习引身动作。

4. 板尾外旋(单板)

从基本站姿开始,双脚平行与肩同宽,双臂抬起至腰部,左板板尖不动,板尾向外推出,旋出时右板保持不动。右板旋出时与上述过程相同。反复交替练习。

5. 双板外旋

从基本站姿开始,双脚平行与肩同宽,双臂抬起至腰部,双手握住雪杖,并稳定住重心,双板板尖不动,板尾同时向外推出。反复练习。

6. 单板外推

上肢保持基本站姿,双脚平行与肩同宽,左板向外推出,右板保持不动,然后将左板收回,右板向外推出,左板保持不动。反复练习。

7. 交换抬左右单板

从基本站姿开始,双脚平行与肩同宽,左板向上抬,板底与地面保持平行,然后放下,再抬起右板,反复练习。注意在抬起单板时尽量让板底与地面平行,板头或板尾不要翘起。

8.双板平行左右跨步

抬左板向左跨步之后,再抬起右板,向着右侧跨步,如此反复练习左右跨步,注意双板要平行。

(二)双板原地转变方向

1.原地移动转向

练习场地:平雪地。

(1)板头移动法

从双板站姿开始,迈出右脚向右转,然后收回左脚,保持双板平行之后,继续向右迈出右脚,然后收回左脚。注意每次分开的距离不要过大,双板保持平行,板尾固定。

(2)板尾移动法

双板平行,板头固定。从双板站姿开始,迈出左板向左转,然后收回右板,保持双板平行之后,继续向左迈出左板,然后收回右板。注意每次分开的距离不要过大,双板保持平行。此外,注意双手握杖与双脚雪板的配合。

2.原地180度掉头

雪杖支撑在身体两侧保持平衡,左板(或右板)负重,右板(或左板)向前上方踢起直立,直立板以板尾为轴向后转动180度,雪杖跟随身体转动,另一支雪板抬起收回到平行对齐。

注意:如在山坡上原地180度转动,山上板负重,山下板向后转动,为了保持好身体平衡,雪杖要跟随着雪板转动,始终在身体两侧支撑。

(三)双板平雪地行走

1.交替滑行

双板平行交替向前滑走,迈出的步伐不宜过大。

左板向前时右杖前摆支撑在右侧雪板外侧位置,反之亦然,依次左右交替滑行。

2.同时推进滑行

双杖前摆,同时上体前引,双杖支撑在固定器前端两侧,双臂用力向后撑。

撑动时降低重心,双板保持平行,同时向前滑走。

(四)双板蹬坡技术

1.交替蹬坡

双板平行,滑雪杖支撑身体两侧保持平衡,右杖撑住,左杖前摆,右腿前摆、左腿蹬动。

2.横蹬坡

双板平行,垂直于滚落线(山坡),双膝略弯曲,同时向山上倾斜,利用山上板的外刃和山下板的内刃固定身体,防止下滑。

右杖摆动、左仗撑住,右腿蹬动、左腿前摆,依次交替蹬坡。注意:交替蹬坡过程中,步伐不宜过大,以便迅速移动身体重心,避免雪板脱滑,用力撑住滑雪杖不能滑动。

注意要先移动山上板,随后山下板收回平行,依次重复移动。双杖支撑身体两侧保持平衡,配合雪板同时移动。山上板移动时山下板承重。此外,蹬坡时注意观察上方来人,避免意外发生。

3.八字蹬坡(V式蹬坡)

身体朝向山上,双板成V字形(倒八字形),利用两板内刃刻住雪面。滑雪杖支撑在身体后方,左板承重时右板前移,左杖抬起,右杖撑在身后,依次完成。蹬坡时注意板尾不能交叉。

(五)魔毯

1.如何上魔毯

首先,双板平行,站在指定位置上,准备上魔毯时身体略向前倾(防止被惯性影响而导致身体向后摔倒)。然后小碎步式慢慢移动到魔毯上,身体站直保持平衡。

2. 如何下魔毯

准备下魔毯时,身体略向前倾(防止因惯性而导致身体向后摔倒)。利用滑雪杖支撑,自然向前滑行即可。

四、越野滑雪技术训练

(一)一般身体训练

1. 一般发展性的训练

在训练中对一般身体素质的训练,是对全部肌肉群的训练。在这种训练之后,采用柔韧性和伸展性相结合的训练发展具体肌肉群,这种训练为一般发展性的训练。不论某肌肉群的力量如何低下,只要对他进行有明确目的的经常性的训练,就会达到提高能力的目的。

2. 沿崎岖不平的地形运动

越野滑雪运动者在训练的初期,为了达到体力训练的目的,可按预先指定的地形进行走步和跑步的训练,这些运动需用 3 步 / 秒的步频完成。但是,这样的运动结果与滑雪的实际情况有明显的区别。为了提高耐力素质,可采用负重走和跑,但要坚持循序渐进的原则,逐渐加大运动负荷,指导人员应加强运动者的心理素质和生理机能的指标跟踪。培养运动员克服困难和战胜困难的信心和勇气。

3. 有明确目的的速度、力量训练的其他形式

很多形式的运动都可以作为速度、力量训练的方法。更明确地说,像划船和游泳这些项目,都是对手臂、脚及腰腹部力量的发展很有帮助的辅助训练,都可以为运动员创造良好的条件。上述运动是发展力量的训练。伴有手脚关节在内的完成大幅度运作的体操训练可以提高运动者的灵活性和协调性,是力量训练的间歇期间十分必要的训练。游戏在越野滑雪训练中也占有重要的位置。就运动游戏来说,最大限度地爆发力量和以最大速度完成游戏可以很好地提高运动者的速度和力量,同时还可以增加趣味性,减轻运动者心理负荷。

（二）专项速度耐力训练

1. 徒步模仿

徒步模仿运用于强度不大的训练中,移动速度通常不超过2.5米/秒。对于高级别的越野滑雪运动员来说,徒步模仿的效果是不大的,对初学者,陡坡模仿的训练(特别是反复进行多次该训练时)效果是明显的。徒步模仿是无雪季节进行专项训练的最基本的方法。

2. 持杖模仿

持杖模仿要求根据越野滑雪的技术特点,选择具有平地和上坡的地形,改进和提高技术动作,达到标准的动力定型。这种训练对发展肌肉群的作用也是很明显的(尤其是大肌肉群)。持杖模仿训练通常是在难度较大的场地上进行的,它不仅能提高运动者力量,对其发展专项速度的影响也是很大的。

3. 轮滑

轮滑同用两个滑雪板进行的滑雪运动有一定的相似之处,在坡度不大的平地上运动时,轮滑与滑雪的速度、步长和步频的差异是不太大的。因此高水平的运动者可以通过轮滑运动提高自己的越野滑雪水平。运动者可以采用5度以上的坡进行适当的轮滑训练。在训练时,要注意运用多种滑雪步伐交替练习,并尽量保持高速滑行,因为这些是巩固提高越野滑雪技术的关键。在场地的选择上,应避免有过长上坡的场地,上坡的长度最长不超过300米,高度最高不能超过50米,可以选择缓坡占50%,平地占35%,陡坡占15%的场地。注意,要根据运动者的具体情况预先规定轮滑路线,选择适宜难度的训练。

4. 模拟滑雪训练

在滑雪条件不好时和滑雪期推迟时采用模拟滑雪对力量训练是很有益处的。模拟滑雪训练有很多种,它的主要缺点是滑行不太好,在大强度的训练时,速度不高。在模拟滑雪时,脚和手用力一推的力量比真正滑雪时明显大得多,这种训练的训练量在无雪时期可占周期性训练总量的5%。

参考文献

[1] 包海江,陈朝.户外拓展精英训练营:大学生素质拓展训练指导教程 [M].厦门:厦门大学出版社,2014.

[2] 常桦.自助拓展训练组织与实施手册 [M].北京:中国工人出版社,2008.

[3] 陈玲慧.基于纠纷处理判例对我国户外运动保险的研究 [D].北京:北京体育大学,2019.

[4] 陈亚中.足球:运动训练专业主修 [M].北京:北京体育大学出版社,2015.

[5] 段国萍.素质拓展训练 [M].上海:上海交通大学出版社,2014.

[6] 段辉巧.户外拓展运动理论与实践研究 [M].延吉:延边大学出版社,2016.

[7] 国家税务总局教材编写组.拓展训练 [M].北京:中国税务出版社,2009.

[8] 韩庭卫,武震,臧道祥,等.企业管理户外拓展训练全书 [M].广州:广东经济出版社,2006.

[9] 贺保会.我国户外极限运动安全互控体系构建研究 [D].成都:成都体育学院,2015.

[10] 胡炬波,厉丽玉.户外运动与拓展训练 [M].杭州:浙江大学出版社,2017.

[11] 黄巧.我国运动性疲劳与超量恢复理论沿革研究 [D].重庆:西南大学,2012.

[12] 李纲,张斌彬,李晓雷.高校户外拓展运动教学与心理拓展实

践 [M]. 郑州：黄河水利出版社，2019.

[13] 李纲，张斌彬，王晶 . 户外运动技巧——攀登篇 [M]. 青岛：中国海洋大学出版社，2019.

[14] 李舒平，邹凯 . 户外运动的风险管理 [M]. 广州：广东科技出版社，2009.

[15] 林健聪 . 四川省户外运动安全管理体系研究 [D]. 成都：成都体育学院，2012.

[16] 刘苏 . 我国户外运动法律规制模式研究 [J]. 武汉体育学院学报，2011，45（4）：33-38.

[17] 毛志雄，迟立忠 . 运动心理学 [M]. 北京：中国人民大学出版社，2015.

[18] 孟令滨 . 大学生户外运动教程 [M]. 哈尔滨：东北林业大学出版社，2018.

[19] 钱永健 . 拓展训练 [M]. 北京：企业管理出版社，2006.

[20] 邱晓德 . 体育保险学 [M]. 北京：北京体育大学出版社，2006.

[21] 沈永金 . 户外运动 [M]. 昆明：云南大学出版社，2013.

[22] 师伟超 . 拓展训练的实践操作原则探讨 [J]. 运动，2016（149）：149-150.

[23] 孙新波，刘洋，唐纪文 . 拓展训练 [M]. 沈阳：辽宁科学技术出版社，2005.

[24] 唐征宇 . 运动心理学 [M]. 上海：上海教育出版社，2018.

[25] 图德·邦帕，格雷戈里·哈夫 . 周期：运动训练理论与方法 [M]. 李少丹，李艳翎，译 . 北京：北京体育大学出版社，2011.

[26] 王海源 . 常见运动伤病的救治与处置 [J]. 连云港师范高等专科学校学报，2016，33（2）：85-89.

[27] 王晶 . 论我国户外运动的安全保障体系的构建 [D]. 北京：北京体育大学，2017.

[28] 王苏光 . 户外探险与野外生存 [M]. 苏州：苏州大学出版社，2011.

[29] 徐菲菲，林雨荘 . 运动旅游 [M]. 南京：东南大学出版社，2019.

[30] 闫雷，王迪，金刚 . 体育能力拓展训练教程 [M]. 哈尔滨：东北林业大学出版社，2016.

[31] 杨桦，李宗浩，池建 . 运动训练学导论 [M]. 北京：北京体育大学

出版社,2007.

[32] 张斌彬,李纲,李晓雷.团队·拓展——户外拓展训练与团队创造力研究 [M].郑州:黄河水利出版社,2019.

[33] 张恩利,刘新民.我国户外运动安全的法律保障 [J].西安体育学院学报,2020,37（5）:545-550.

[34] 张伟.拓展训练安全保障体系构建研究 [D].北京:北京体育大学,2013.

[35] 钟薇,朱芸,解丹阳.我国户外运动安全保险的现状及问题 [J].体育研究与教育,2016,31（2）:32-35.

[36] 周红伟.我国户外运动安全保障系统的构建研究 [J].南京体育学院学报,2010,24（2）:92-96.

[37] 周李莉,郭福江,尹亚晶.体育运动训练与健身实践研究 [M].北京:人民日报出版社,2016.